KB047515

4·16구술증언록 유가족 활동 단체 제1권

그날을 말하다

4·16희망목공협동조합

4·16구술증언록 유가족 활동 단체 제1권

그날을 말하다

4·16희망목공협동조합

4·16기억저장소 기획 편집
(사) 4·16세월호참사가족협의회 지원 협조

한울

일러두기

1. 음절로 식별 가능한 소리를 들리는 대로 전사하는 것을 원칙으로 한다.

2. 의미를 파악하기 위해 추가 설명이 필요할 경우 [ ]로 표시한다.

3. 몸짓, 어조 등 비언어적 행위는 ( )로 표시한다.

4. 구술자가 말을 잇지 못해 말줄임표를 사용하는 경우 ……, …로 길고 짧음을 표시한다.

5. 비공개 영역은 〈비공개〉로 표시한다.

6. 비공개해야 하는 희생자 형제자매의 이름은 ○○, △△ 등의 도형기호로, 생존자의 이름은 A, B, C 등 알파벳 대문자로 표시한다.

7. 비공개해야 하는 제3자는 직분이나 소속, 성만 공개하고, 이름은 ××로 표시한다. 비공개해야 하는 숫자는 자릿수에 상관없이 □로 표시하며, 지명은 □□로 표시한다.

　4·16기억저장소에서는 세월호 참사 5주기를 맞아 구술증언 수집 사업의 결과물 일부를 100권의 책으로 발간하게 되었습니다. 이 사업은 2015년 6월부터 다양한 학문 분야 구술 연구자들의 자발적인 참여로 진행되어 왔으며, 세월호 참사를 좀 더 정확하고 다각적으로 기록하고 기억하고자 하는 노력의 일환으로 수행되었습니다.

　2014년 참사 발생 이후, 참사 피해자들의 목격담과 경험은 안타깝게도 공식적인 국가기관과 언론의 기록 속에서 철저히 소외되거나 왜곡되었습니다. 그것은 세월호 참사가 우리에게 안긴 죽음과 고통의 충격만큼이나 우리 사회의 끔찍한 비극이었습니다. 따라서 사업을 진행하면서 세월호 참사 희생자 가족, 생존자, 생존자 가족, 어민, 잠수사, 활동가, 기자 등등, 참사의 초기 과정을 직접 경험한 분들의 증언을 우선적으로 수집했습니다. 구술자는 이 사업의 취지와 방식에 개인적으로 동의한 분 중에서 선정했으며, 참여 과정에 어떠한 금전적 보상이나 이익이 제공되지 않았습니다. 또한 구술증언 수집 사업을 진행하는 동안, 면담자는 연구자이자 참사를 겪은 공동체 시민으로서 최대한 윤리적이고자 노력했습니다.

구술자마다 매회 약 2시간씩 3회를 원칙으로 음성 녹취와 영상 촬영을 하는 방식으로 진행되었고, 증언의 일관성을 확보하기 위해 면담자는 큰 틀에서 공통 질문지를 사용했습니다. 공통 질문지의 내용은 참사와 구술자 간의 관계성에 따라 차이가 있지만, 유가족 구술의 경우 1회차 '참사 이전의 삶, 팽목항과 진도에서의 경험, 자녀에 대한 기억'을, 2회차 '참사 이후 투쟁과 공동체 활동 경험'을, 3회차 '참사 이후 개인 및 가족이 경험한 삶의 변화와 깨달음, 자녀의 현재적 의미'를 중심으로 했습니다. 이처럼 증언 내용은 참사 이전에서 시작해 참사 발생 당시의 경험과 이후의 변화 과정까지 폭넓게 수집했고, 면담자는 구술 채록 과정에서 구술자의 발화를 최대한 존중하고자 했으며, 무엇보다 각자의 특수한 경험과 다른 시각을 충실히 반영하고자 했습니다.

이 구술증언록의 발간을 위해, 채록된 음성 자료는 문서로 변환해 구술자와 함께 검토했고, 현재 시점에서 공개할 수 있는 영역과 할 수 없는 영역으로 구별했습니다. 따라서 책에 실린 내용은 모두 구술자로부터 공개를 허락받은 부분입니다. 비공개 영역은 추후 구술자의 동의를 받아 적절한 절차를 거쳐 추가로 공개될 수 있으리라 생각합니다.

이 구술증언록 100권에는 그동안 우리 사회에 왜곡되어 알려지거나 잘 알려지지 않았던, 참사 발생 직후 팽목항과 진도 혹은 바다에서의 초기 상황에 관한 중요한 증언이 포함되어 있습니다. 또한, 자녀를 잃는 잔인하고 애통한 상황을 겪으면서도 그 누구보다 강인한 정치적 주체로 성장할 수밖에 없었던 유가족의 마음과 경험을 구체적으로, 그리고 여러 각도에서 살펴볼 수 있습니다. 그 외에도, 이 구술증언록은 2014년을 전후한 한국 사회의 여러 측면을 드러내는 귀중한 자료가 되리라고 생각합니다. 무엇보다 국내외의 많은 분이 이 책을 읽어, 장차 세월호 참사의 진상 규명과 역사 서술에 기여할 수 있기를 바랍니다.

구술증언 수집 사업이 진행되고, 책으로 출간되기까지 많은 분의 도움과 지지가 있었습니다. 이 지면을 빌려 부족하나마 감사의 말씀을 전하고자 합니다.

먼저 (사)4·16세월호참사가족협의회와 4·16기억저장소에 감사를 드립니다. 이분들의 신뢰와 적극적인 협조가 없었다면, 이 사업은 처음부터 시작할 수조차 없었을 것입니다. 또한 어려운 정치 환경 속에서도 사업의 취지에 공감해 재정 지원을 결정해 준 아름다운가게와 역사문제연구소에 감사드립니다. 두 단체 덕분에, 이 사업을 4년 동안 계속해 올 수 있었습니다. 그리고 구술증언록 100권의 발간에 동의하고, 바쁜 일정에도 출판 실무를 기꺼이 맡아주신 한울엠플러스(주)에도 감사를 드립니다. 이 외에도 많은 개인과 단체가 직간접적으로 많은 도움을 주시고 격려해 주셨습니다. 여기에 모두 밝히지 못하는 것을 죄송하게 생각합니다.

　말할 필요도 없이, 가장 크고 또 가슴 아픈 감사는 구술자 한 분한 분께 드리고자 합니다. 이 책이 발간될 수 있었던 것은, 무엇보다 용기를 내어 아픔과 고통의 기억을 다시 떠올리고 장시간 진심으로 이야기를 해주신 구술자가 있었기 때문입니다. 오랜 시간 이야기를 나누며 함께 공감하기도 했지만, 그 아픔과 고통을 어떻게 가늠할 수 있을까 싶습니다. 더 큰 도움이 되지 못함을 안타까워하며, 이 구술증언록 100권의 발간이 피해자분들에게 조금이라도 위로가 될 수 있기를 기원합니다.

2019년 4월

4·16기억저장소 구술팀 책임자
서울대학교 인류학과 교수 이현정

차례

4·16희망목공협동조합

4·16희망목공협동조합은 참사 직후 정부합동분향소 앞 컨테이너 박스에서 유가족들을 위한 목공교실에서 시작해 지금은 꽃빛공원 한 곳에 목공 기계 시설을 갖춘 어엿한 협동조합으로 성장했다. 어느새 목공교육지도사 자격증을 취득한 이들은 목공 교육 과정을 통해 더 많은 사람들에게 4·16 정신을 담은 목공 기술을 알리고자 하며, 4·16희망목공협동조합이 삶을 새로이 꾸려가는 장소이자 4·16 정신을 실천해 가는 하나의 실험장이 되도록 오늘도 톱질과 대패질의 바쁜 손놀림을 이어간다.

4·16희망목공협동조합의 집단구술 면담은 2018년 8월 9일, 그리고 2019년 4월 3일 2회에서 걸쳐 총 6시간 10분 동안 진행되었다. 주 면담자는 김익한, 이봉규, 부면담자는 정수아, 촬영자는 강재성, 김예지였다.

구술자 본인들의 프라이버시나 제3자의 프라이버시를 보호해야 할 부분을 제외하고는 구술자들의 발화를 있는 그대로 전사했다.

1회차

2018년 8월 9일

1
시작 인사말

면담자　　　본 구술증언은 4·16 사건에 대한 참여자들의 경험과 기억을 기록으로 남김으로써 이후 진상 규명 및 역사 기술에 기여하고자 합니다. 지금부터 4·16희망목공협동조합의 구술증언을 시작하겠습니다. 오늘은 2018년 8월 9일이며, 장소는 안산시 단원구 꽃빛공원에 위치한 4·16희망목공협동조합 회의실입니다. 오늘 참여하신 구술자는 수연 아버님 이재복, 수인 어머님 김명임, 동수 어머님 김도현, 미지 아버님 유해종, 그리고 박인환 목사님, 안홍택 목사님입니다. 면담자는 김익한, 보조 면담자 정수아이며, 촬영자는 강재성입니다.

2
구술 참여 동기 및 근황

면담자　　　먼저 간단하게 자기소개를 해주시고, 이 구술이 어디에 활용됐으면 좋겠다 하는 말씀을 해주시면 좋겠습니다. 수연 아버님부터 하겠습니다.

수연 아빠　　　저는 2학년 2반 수연 아빠 이재복이라고 합니다. 먼저 이렇게 시간 내주셔서, 저희들 이야기를 들을 수 있는 시간을 주셔서 감사드리고요. 구술을 통해서 저희가 바라는 것은, 처음에는 구술을 요청받았을 때 사실은 조금 긍정적이라기보다는 부정적인 생각을 좀 했었어요. '과연 제대로 이게 많은 사람들한테 전파가 돼서 우리들의 이야기에 공감대가 있을 수 있을까?' 그런 회의적인 생각을 했었는데, 가만히 생각해 보니까 '기억이라는 것은 어떤 기록에서 나오는 거고 기억을 해야만 역사가 바뀐다' 이렇게 생각을 하면서 '아, 기록이라는 것이 중요한 것이다' 그래서 임하게 된 거고요. 이 구술을 통해서 좀 더 우리가 원하는, 궁극적으로 원하는 진상 규명이 전파가 잘돼가지고 많은 사람들이 세월호에 대한 인식을 좀 새롭게 하고, 또 새롭게 이 참사를 통해서 가치가 새롭게 정립되는 그런 계기가 되었으면 하는 바람으로 구술에 임했습니다.

수인 엄마 　저는 7반 곽수인 엄마 김명임입니다. 저도 수연 아버님하고 같은 생각이고요. 저 같은 경우는 물론 우리가 구술을 함으로써 그게 어떤 진상 규명에 도움이 되면 더할 나위 없이 좋겠고, 또 제가 지금 이 목공방에서 했던 그런 수업이나 그런 작업들이 트라우마를 어떻게 이겨나가고 있는지, 다른 사람들이 봤을 때 한 사례로 보고 도움이 됐으면 하는 바람으로 지금 구술에 임하고 있습니다.

동수 엄마 　2학년 7반 정동수 엄마입니다. 제가 구술을 하게 된 거는 기록에 남기지 않으면 아무[것]도 기억이 되지 않더라고요. 제가 어제, 그제도, 분명 어제 내가 뭘 한 거 같은데 남긴 게 없어요, 기록을 하지 않으면. 저희 지금 피해 당사자들은 '하루하루 열심히 산다' 생각하고 있지만 기억에 남지는 않아요. 그러니까 외상 스트레스가, 트라우마가 많이 심하거든요. 그런데 기록에 남겨놓지 않으면 어떻게 싸웠는지, 어떻게 살았는지, 우리가 아이를 위해 뭘 했는지 알 수가 없잖아요. 그래서 하게 됐던 것 같아요, 구술을.

미지 아빠 　　2학년 1반 미지 아빠 유해종입니다. 저는 구술을 좀 부정적으로 생각을 했었거든요. 왜냐하면 '구술을 해서 뭐 하냐?' 이런 생각이 들었었는데, '아니다' 하는 생각이 들게 된 것은 '우리가 참사를 겪고 나서 우리가 진실을 밝히지 않으면 또 제2, 제3의 사고가 안 나리라는 보장이 없을 거'라고 생각을 해서 임하게 됐거든요. 우리가 분명히 구술을 해서 이걸 많은 사람들한테 전파가 되고 그 사람들한테 각인을 시켜준다면 다시는 그런 사고가 나지 않을 거라고 생각하면서 구술에 임하게 됐습니다.

박인환 　　저는 안산 화정교회 박인환 목사입니다. 2학년 3반 예은이 담임목사죠. 이렇게 구술한 기록이 남음으로써 '세월호 가족들이 목공방에서 공부를 하면서 무던히 애를 썼구나, 이런 세월호 가족들 가운데 이런 일을 통하여서 자기들의 아픔을 조금이라도 잊으면서 뭔가 해보려고 하는 사람들이 있었구나' 하는 것을 많은 사람들이 알게 되면 좋겠습니다.

안홍택 　　용인시 고기교회 안홍택 목사이고요. 목공 지도를 통해 함께했고, 결국은 엄마, 아빠들이 지난한 과정을 목공을 통해서 어떻게 자리 잡고 또 회복될 수 있고 힘을 얻고, 그야말로 진실 규명과 그에 대한 일들에 대해서 건강한, 정신적으로 건강한 모습으로 임하는 그러한 모임이기를 바라는 입장입니다.

면담자 　　또박또박 말씀들을 잘해주셔서 감사합니다. 그런데 이렇게 하면 좀 피곤하세요. 평상시에 환담하듯이 말씀하셔도 괜찮습니다(웃음). 제일 앞에 도입에 해당하는 근황을 먼저 여쭙겠습니다. 요즘에는 일주일에 몇 분이나 며칠 정도 나오세요? 순서 없이 이야기하셔도 됩니다.

미지 아빠   그거는 뭐 우리가 목공방은 정해놓은 시간은 따로 있지만은 그건 참여는 자율적으로 하고 있거든요. 민정이 아빠 같은 경우에는 아마 일주일 내내 나오는 것으로 알고 있고, 또 그중에는 바쁘신 분들은 또 빠지시는 분들도 있고 아마 대중없습니다, 그런 거는.

수연 아빠   올해까지는 저희들이 말하자면 이제 소위 수습 기간으로 해가지고 체계를 잡아가는 기간으로 잡았어요. 그래서 페이[임금]도 없고, 혹시 이제 수익이 나더라도 자본으로 축적을 하죠. 시간도 어느 정도 개인 자율성을 보장을 하는데, 정해놓은 기본 규칙은 있죠. "주 5일제로 하고, 또 공휴일 빨간 날은 쉴 건 쉬고, 그래도 기본적으로 3일 이상은 나온다" 그런 어떤 규정을 정해놓고, 지금 이제 생활은 자율성 있게 하는데, 뭐 일찍 나오시는 분들은 일찍 나오시고 또 일 있어서 나오시다가 또 나가시는 분도 물론 있는데…. 그리고 또 특기가 있고 각자 자기 관심사가 있어 가지고 각자 맡은 나름대로의 분야가 있어요. 그 분야별로 좀 만들어가고, 또 기술이 어느 정도 습득돼 있는데 좀 더 강화시키는 그런 단계라고 보면 됩니다. 그래서 '수익을 창출하는 것은 아마 내년 초부터 본격적으로 되지 않을까' 그런 계획을 가지고 지금 진행하고 있습니다.

면담자　　　기대하겠습니다. 수인 어머님은 얼마나 나오세요?

수인 엄마　　저는 그렇게 성실한 편이 못 돼서…. 작업해야 될 일이 있을 때는 이제 약속을 해서 요일을 정해서 나오는데, 기본적으로 목요일은 목사님이 멀리서도 오시니까 목요일은 나오려고 노력하고…. 또 그동안은 민수 엄마가 회사를 다니느라고 빠져서 [동수 엄마까지] 셋이 같이 모일 수 있는 날이 토요일밖에 없었어요. 그래서 토요일 날은 기본적으로 나와서 이제 밀린 거나, 해야 될 작업을 하고요. 평균적으로 일주일에 한 이틀 이상? 굉장히 성실하면 3일, 4일 이상?

동수 엄마　　사실 엄마들은 요새는 못 하고 있었어요. 물론 저는 개인적으로 조금 제가 힘들어서 그런 것도 있고 핑계긴 한데요, 엄마들은 조금 불성실했었죠.

면담자　　　그럼 지금 목공소에서 뭘 만들고 계세요?

미지 아빠　　만드는 건 각자 다 틀려요[달라요].

수연 아빠　　각자 다 취향이 좀 틀려요. 그래서 민정이 아빠 같은 경우는 저런, 보시다시피 소품, 공예품 그런 쪽으로 하고, 저 같은 경우는 이제 좀 이렇게 여러 가지를 그동안 많이 봐왔는데, 좀 부가가치가 있는 게 뭘까 고민을 좀 하다가 이제 요즘에 우드슬랩이라고 그래 가지고 원목 상판에 관심이 좀 가더라고요. 그래서 상판을 지금 한참 밀고 있는 단계입니다. 그래서 안 목사님 오셔서 상의를 드려야 되는데, 상판이… 이 구체적인 이제 [이 구술]하고 나서. 어쨌든요, 며칠 동안 하면서 제가 좀 걱정했던 것보다 좀 잘 잡혔어요. 그래서 좀 만족하는 그런 지금 상황입니다. 그래서 다음 단계를 한번 안 목사님 이따가 상의를 좀 해야 됩니다, 이걸 어떻게 과연 이렇게 완성품으로 만들어질 것인지. 어느 정도 이렇게 좀 상판 작업은 했습니다.

안홍택   잘하셨습니다.

수연 아빠   전기 대패로 갈아가지고, 그게 휘었어요. 그게 날이 더워서 그런지 며칠 그냥 놔뒀더니 이렇게 휘어가지고 전기 대패로 다시 밀었습니다, 초기 작업부터.

박인환   한도 끝도 없어.

수연 아빠   다시 연마하고 해가지고 거의 평탄 작업은 끝냈고, 평탄 작업 끝냈더니 수평이 또 안 맞아가지고 수평 작업도 어느 정도 잡아놨어요. 그래서 100프로는 아니지만 어느 정도 잡아놨거든요. 이거를 좀 더 연마를 해가지고 가공을 어떻게 해서 조립을 어떻게 해가지고 멋있게 어떻게 작품화할 것인지 그 부분은 안 목사님 조언을 좀 들어야 될 것 같습니다. 일 이야기였어요.

박인환   아버님들은 보면 다 성격도 다르고 성격 따라서 주특기도 다르거든요. 민정이 아빠 같은 경우는 상감기법이라고 그러나? 파가지고 갈라진 나무들을 이렇게 꿰매는 거라고 그래야 되나? (안홍택 : 상감) 상감, 이걸 굉장히 잘하고 그래서 나무 보면 그렇게 만든 것들도 있고, 또 수연이 아버지는 좀 통이 크게 큰 테이블을 만들기도 하고, 민정이 아버지는 계속해서 기도 손 십자가라든지 목걸이 이런 거 관심을 가지고 열심히 하고 있고. 또 시찬이 아빠는 DIY[do it yourself, 가정용품의 제작·수리·장식을 직접 하는 것]계의 아주 거두죠. 테이블이라든지 기도대라든지 뭐든지 그림만 보면은 그냥 그 이상으로 척척 만들어내고. 그래서 다 성격이 달라서, 그래서 지금은 제가 보니까 각자 만들어요, 각자. 그런데 이제 앞으로 체계가 잡히면, 또 주문이 들어오고 하면 이제 협업이 이루어지겠죠.

면담자   엄마들 주특기는 아무도 이야기를 안 하세요?

수연 아빠   엄마들 주특기는 뭐….

동수 엄마   따로 없어요.

미지 아빠   아니, 눈꽃 공예. 십자가에다 공예 붙이는 거.

수연 아빠   (뒤쪽의 작품을 가리키며) 십자가에 저거 만든 거, 보이실지 모르겠지만 나뭇가지를 이렇게 붙여가지고.

안홍택   소품, 도마 같은 거.

박인환   아무래도 이제 여성들이 세밀하니까 앞으로 칠이라든지 이런 거는.

미지 아빠   그렇죠, 마감 작업.

박인환   마감은 엄마들이 해야 될 것 같아요.

면담자   구술하면서 이런 이야기 해도 될라나 모르겠습니다만 사실은 그런 것도 일종의 여성에 대한 약간의 편견일 수 있어요. 그런데 열심히 안 하신다니까 제가 할 말은 없고(웃음).

동수 엄마   아니, 엄마들도 개인 주특기는 있어요. 없진 않은데….

수연 아빠   있어요.

면담자   그럼 이야기를 해주세요.

수연 아빠   엄마공방에서 갈고닦은 실력이 있을 거라고 생각합니다. 그거를 목공방에 접목해 가지고 이제 실력 발휘를 준비할 거예요.

동수 엄마   우리 민수 엄마, 언니 같은 경우는 회계 쪽, 컴퓨터 쪽으로 너무 잘하시니까. 그리고 투철하시고요.

면담자   협동조합에 딱 필요한 능력을 가지고 계시네요.

동수 엄마   그러니까 저희 셋은 말 그대로 진짜, 어떤 분은 기계 다루시고 언니 같은 경우는 또 그 뭐라고 해야 되나?

수인 엄마   없어, 난 없어.

동수 엄마   아니야. 저희는 공정 봐가면서 하거든요. 제가 거의 좀 자르고 언니는 또 많이 닦고, 그러니까 저희 셋이는 협동 잘돼가면서 해요.

3

새로운 목공소 장소의 의미와 창립 계기

면담자   네. 사실 수인 어머님과 동수 어머님은 4·16가족극단에서 연극까지 하시니까 더욱 바쁘실 텐데요. 하여튼 저희같이 옆에 있는 사람들 입장에서 보면 너무 멋지세요. 그리고 이곳 장소 이야기도 조금 했으면 하는데 어떠세요? 다들 어떻게 느끼시는지요?

수연 아빠　　　아, 여기 지금 새 목공방 위치요? (면담자 : 네) 분향소에서 나갈 때만 해도, 나가야 될 시점이 됐기 때문에 이제 영결식 끝나고서 철수를 해야 돼서 막연했었죠, 어디로 가긴 가야 되는데 어디로 갈까. 그런데 그래도 고맙게도 이제 [안산]시에서 지원해 주셔가지고 장소를 선정해 주셨는데, 걱정했던 것보다도 상당히 만족하게 생각하고 있습니다, 개인적으로. 그리고 꽃빛공원 내에 이런 공간이 있었다는 것도 몰랐는데, 이 공간을 내주시고, 그리고 이렇게 밑에 기초까지 이렇게 콘크리트 바닥까지 깔아주시고 그 위에는 이렇게… 좀 뭐 그렇게 좁지 않은 공간이라고 생각하는데. 물론 이제 우리가 해나가는 과정에서 확장이 되고 그러면 좁을 수 있겠지만 시작하는 단계에서는 그래도 좀 여유 있는 공간이라고 생각하고요. '이 공간만 잘 활용한다고 그러면 시작하는 데는 무리가 없을 정도로 좋은 장소'라고 생각을 합니다. 이제 그거는 우리[가] 활용하기에 달려 있는 거겠죠, 저희들에게 달려 있는 거겠죠.

면담자　　　네. 안 목사님은 이 장소를 시에서 배정해 준 것에 대해서 불만은 없으셨습니까?

안홍택　　　난 그저 '산기슭에 하나 정도 소박하게 공간만이라도 마련됐으면 좋겠다' 했는데, 정말 아주 만족스러운 공간이 생겼죠. 그게 일단 기계음이 나잖아요. [이곳은] 개방되어 있기 때문에 그 부

23
•
1회차

분에서도 만족하고, 교통에서도 만족하고…. 공간들이 뭐 아주 선물 받은 거 같아요.

동수 엄마   그러니까 저희는… 목사님은 그러신데, 저희는 엄마여서 그런지 모르겠는데, 처음에 꽃빛공원으로 가라 했을 때 참 기분이… 만감이라고 하죠? '이 좁은 공간에 우리 애들을……' 저는 그것부터 시작했었거든요. [그래서] 사실 좋지 않았었어요, [처음에] "여기로 가라"고 했을 때. 근데 막상 와서 보니까 너무 좁고, 너무 산기슭이고. '이런 데에 우리 애들을 그냥 방치하려고 했었구나' 그 마음부터 시작해서 많이 아팠거든요, 이 장소가. 그런데 '우리 [목공소가] 와야 될 장소였구나', 그 번지수를 들었을 때 '우리가 올 수밖에 없는 장소였구나' [싶었지요]. 어떻게 보면은 목공방으로 와서 참 다행이라고 생각이 들었거든요.

박인환   지금 여기 번지수가 416이에요.

안홍택   참 그것도 신기하게….

동수 엄마   네, 지금은 좀 편해요. 여기가 목공방으로서는 너무 편하고 좋아요.

면담자   주소가 무슨 길 416이죠?

일동   순환로.

수연 아빠   와동 순환로. 그것 참 공교로운, 우연의 일치예요.

수인 엄마   아니, 그게 4·16이 순환이 돼야 되니까.

수연 아빠　　　우리가 일부러 그렇게 하려고 해도 참 힘들 건데, 어떻게 번지수가 딱 416이라는 걸 보면.

동수 엄마　　　물론 목공방이 지금 [유가족] 대기실 있는 쪽으로 같이 갔어도 좋았겠지만, 오히려 떨어져서 저는 더 좋거든요, 지금. 거기서 좀 분리돼서…, 너무 먼 장소도 아니고.

면담자　　　지금 수인 어머님 통해서 아주 멋진 해석이 나왔어요. "여기가 와동 순환로 416번지니까 4·16희망목공방을 통해서 4·16 정신을 순환해야 된다", 아까 방금 그렇게 해석을 하셨어요. 앞에 동수 어머님 말씀하신 것에서 아팠다는 이야기는, 참사 직후에 안산시에서 최초로 아이들을 안치하는 곳으로 제시했던 곳이 이곳 꽃빛공원이었는데, 그 당시의 분노를 지금 말씀하시는 것이고요.

안홍택　　　그랬었구나. 아, 그건 몰랐네.

면담자　　　그런 인식이 있으셨음에도 불구하고 "목공소 자리로서는 굉장히 만족스럽다"고 말씀을 해주셨어요.

동수 엄마　　　네, 그러니까 그 이야기를 지금 한 건 이 장소가….

수인 엄마　　　네, 바로 여기였대요.

면담자　　　꽃빛공원 안에서도 바로 이 자리에 아이들을 안치하려고 했었다는 거였군요?

시찬 아빠　　　그때 부지 말했던 게 여기였어요.

동수 엄마　　　정확하게 200평. 저희가 지금 앉고 있는 이 자리였다는 그 이야기를 한 거죠.

안홍택   정말 아이러니하다.

면담자   네, 아이러니하네요.

수연 아빠   초기에 가족들 안에서도, 반에서도 좀 이견이 좀 있었어요.

동수 엄마   있었죠.

수연 아빠   "이쪽으로 하자"는 가족들이 있었고, "여기는 절대로 안 된다"고 하는 가족도 있었고. 왜냐하면 제2의 5·18기념공원식처럼 외지에, 구석에 있어 가지고 사람들도 잘 찾아오지 못하고 그런 꼴이 될까 봐, 그걸 굉장히 우려해 가지고 단호하게 거부를 했죠. 그래서 "우리는 중심으로 가야 된다. 그래서 많은 사람들이 와서 추모하고 기억하고 같이 개선할 수 있도록 그런 자리를 마련을 해야 한다. 그것이 우리가 볼 때는 화랑유원지고, 화랑유원지 외에는 절대 우리는 양보할 수 없다", 그때부터 이제 초지일관으로 밀어붙였죠. 어떻게 보면 꽃빛공원으로 선정해 줬던 것부터 도화선이 됐었던 것 같아요, 거기서부터 거부를 시작했고.

안홍택   그러고 보면 여기는 우리한테 멋진 선물이네? 역으로 발상해 보면.

동수 엄마   그 당시에 "꽃빛공원"이라고 말했었고, 정확하게 200평이라고 그랬어요. 우리 애들이 250명이었잖아요.

안홍택   말도 안 돼.

동수 엄마   그러니까. 말도 안 되는 거야, 사실은.

안흥택   그건 그냥 묘지야, 묘지.

수인 엄마   그 공간에 2층 건물로 올려가지고 애들 담는다고….

수연 아빠   여기다가 건물을 지으려고 한 거예요?

동수 엄마   맞아요. 너무 우리는 그게 막 말이 안 되고 막… 그 당시만 해도 분노도 안 풀렸고.

면담자   미지 아버님, 아까 다들 참 역설적이라고 말씀들 하셨는데, 이 장소 어떠신지요?

미지 아빠   어휴, 저는 여기라고 생각했을 때 처음에는 놀랐었어요. '어휴, 왜 하필 거기지?'라고 생각을 했었거든. 우리가 처음에 나왔을 때 거기[정부합동분향소]도 애들이 있었고, 우리가 가는 자리가 여기가 된다? 근데 나는 또 반면에 이런 생각까지 해봤어. '어휴, 우리 아이들이 뭔가 지켜줄려고 그 자리가 우리가 목공방이 들어가서 다시 새롭게 마음을 하라는 그런 뜻?' 이런 생각도 들었었거든요, 좀 종교적으로 생각하자면.

안흥택   아니, 나는 오늘 처음 들었어요.

미지 아빠   아, 나는 알았었어요, 그거를.

동수 엄마   우리 부모들 다….

수인 엄마   저희는 알고 있었어요.

안흥택   그러니까 이게, 목공방이 자리를 잡아야 되잖아. 그러니까 시에서도 자연스럽게 여기로 정해진 거야.

동수 엄마 　그러니까 시 부지거든요, 이 자리가.

안홍택 　그러니까 난 이 부지야말로 최적지라는 생각을 했거든, 처음부터. '아이들이 선물했다'는 생각이 또 드네, 지금 생각해보면. 아이고, 참….

동수 엄마 　거꾸로 생각하면, 목공방이 앉았을 때는 너무 좋은 장손데, 이 평수가 지금 그렇잖아요. 딱 두 동 생기니까 딱이잖아. 그런데 우리 애들을 여기다가 오려고 했었으니까… 바꿔보면 또.

안홍택 　그렇지.

수연 아빠 　여기다가 3층 건물을 지으려고 했어요.

동수 엄마 　네, 그렇게 할라고 그랬어요.

수연 아빠 　3층을 지어서 1층은 로비, 2층은 분향, 봉안당, 3층은 뭐 관리소 해가지고….

동수 엄마 　그러니까 따닥따닥 붙여가지고 애들을 그냥… 했던 거죠, 사실은.

안홍택 　에이, 말도 안 되지.

수연 아빠 　그러니까 엄청, 그렇게 그냥 장소에다가 맞추려고 했던 거예요. 장소가 여기니까 여기다가 그냥 맞추려고. 우린 도저히 받아들일 수 없는 거고.

동수 엄마 　맞추려고 했던 거야. 그런 마음 자체가 우리는 너무 마음에 안 들었던 거고, 그 정치했던 사람들이.

수연 아빠   가족 간에도 마찰이 좀 있었어요. "그냥 하자"고 하는 가족도 있었고, 대다수 가족은 [반대했고].

면담자   네. 이제 목공소의 창립 당시 이야기를 되짚어 보려고 합니다. 처음 제안자가 누구세요?

미지 아빠   그건 박인환 목사님이.

박인환   2014년에 참사가 났고, 그 2014년 12월 31일 마지막 주… 아, 그다음 해 1월. 네, 2015년 1월 31일이 주일인데 "그날부터 유가족들 가운데에 기독교인들이 교회를 떠나고 쫓겨나고, 가지 않고, 가지 못하고 방황한다"는 이야기를 듣고 '어떻게 하면 좋겠나?' 하다가, '아, 찾아가자' 그래서 분향소에 컨테이너 예배실 하나 해달라고 그래서 이제 찾아가서 주일 오후 5시에 예배를 드리기 시작했어요. 그런데 그 '찾아가는 예배'를 제가 시작을 했는데, 그 몇 주 전에 예장통합[대한예수교장로회] 신학생들이 중심이 돼가지고 목요기도회라고 그 자리에서 모이고 있었어요. 몇 달이 지나고 어느 날 이제 지나가는 이야기로 "목요기도회 오는 분 가운데 안홍택 목사님이라고 계신데, 목수신데 유가족 가운데 누군가가, '목사님 우리도 목공 좀 배우면 안 될까요?' 이렇게 물어봤다"고 그래요. 그래서 물어봤대. "그래서?" 그랬더니 물어봤대. 그래서 "아니, 그러면 좀 만나자" 그랬죠. 그때 안 목사님하고 이야기를 했던 당사자가 김현동 씨?

수연 아빠   다영이 아빠.

안흥택   응, 다영이 아빠.

박인환   그래서 다영이 아빠 김현동 씨[에게] 그다음 날로 제가 "좀 만나자"고 해서 만났죠. 그래서 만나보니까 목사님은 저를 안대요, 저는 처음 보는데.

안흥택   나는 알았지. 옛날에 광화문에서 같이 밥 먹었어. 밥값을 내시더라고, 잘 얻어먹었어(웃음).

박인환   아니, 제가 광화문에 우리 후배 목사들이 있어서, "야, 밥 먹으러 가자" 그랬는데 그 후배가 여러 사람을 달고 왔는데 한 열댓 명이 갔어요. 그래서 밥을 제가 먹는데 저는 앞에서 먹고 목사님은 제 뒤에서 드셨나 봐, 그래서 저는 몰랐고. 그래서 셋이 이야기를 해보니까 아, "유가족 가운데 그런 이야기가 있었다"는 거예요. 그래서 목사님이 "목수"라고 그러고 그래서, "그럼 우리 어떻게 한번 해봅시다" 그렇게 해가지고 목사님 보고 와서 좀 이렇게…, 선생이 있어야 되니까. [그래서] "가르쳐줄 수 있습니까?" 그러니 "아, 저는 봉사할 수 있습니다". 그리고 "유가족들 [중에] 진짜 배울 사람 있나?" 그러니까 "있다"는 거예요. 그러면은 안 목사님 오셔서 봉사하시고 또 목사님이 "우리 예장통합에다가 연장[을] 좀 신청해 볼까 한다"고 해서 제가 바짓가랑이를 잡았죠, "우리 감리교도 좀 봉헌 좀 합시다". 그래서 "우리 감리교에서 연장을 대도록 하겠습니다" 그러고 그날로 제가 [기독교대한감리회] 감독회장한테 이야기를 해서 연장을 지원을 받았어요. 정확하게 1761만 원어치 연장 지원을 받고, 시에서 컨테이너 박스를 두 개 해주고, 그사이 천막은 그 청파교회에서 '찾

30

아가는 예배'에 왔길래 "천막이 필요하다" 그러니까 그 주간으로 400만 원짜리 만들어줬죠. 그렇게 해서 시작을 했죠. 그래서 처음에 엄마, 아버지들만 일곱 명이 왔죠? 처음에?

미지 아빠　아니요, 일곱 넘었죠. 엄마들이 그때 열….

박인환　아니야, 아니야. 엄마는 나중이야.

수연 아빠　아빠들이 많았어요.

박인환　아니다. 아니다.

미지 아빠　DIY 했을 때니까.

박인환　아버지들이 여섯 명이 오고, 엄마들이 열댓 명이 온 거야. 그래 가지고 목사님은 장부맞춤 전문가거든요. 그래서 장부맞춤을 배우기로 했는데, 엄마들이 열댓 명이 오니까 DIY반을 만들어서 지금 기독교 환경연대 사무총장 하는 이진형 목사님을 급히 DIY 강사로 모셔가지고 엄마들은 DIY 배우고, 아버지들은 장부맞춤 배우고, 이렇게 시작을 한 거죠.

수연 아빠　처음에는 이진형 목사님한테 다 배웠어요, DIY를. 아빠도, 엄마도 배우다가 나중에 이제 2기 모집을 하면서 엄마들은 DIY를 계속했고, 이제 아빠들은 그때 안 목사님 오셔가지고 장부맞춤을 본격적으로 배우게 된 거죠.

박인환　그래서 지금 안 목사님은 예장통합 측 목사님이고 저는 감리교 목사인데, 우리 한국 교회가 좀 이게 스스로 누워 침 뱉기일지는 몰라도, 서로 낯내기 경쟁하고 뭐 이렇게 서로 교인 끌어들이기 이 경쟁을 하잖아요? 그런데 저희 둘은 그런 모습을, (구술자들을 가리키며) 여러분들은 몰라도 저희 둘은 그런 모습을 한 번도 보이지 않고 정말 재미있게 이렇게 협조해 왔고. 초기 현장은 감리교가 갔다고 그러지만 또 중간에 예장통합에서도 밴드쏘[밴드소, 띠톱]같이 고가 [장비]도 가져오고.

수연 아빠   클램프, 클램프.

미지 아빠   아니, 그건 아니고.

박인환   아니 아니, 밴드쏘. 밴드쏘도 사다 주고, 그리고 이번에 트럭도 사다 줄 거고(일동 웃음). 두 교단 목사가 이렇게 붙어 있으니까 또 이렇게 두 교단에서 연장도 이렇게 잘 사주고 그래서. 그래서 어쨌든 두 교회가 이 목공방에 어떤 근거를 마련하고 할 수 있어서, 저는 좀 '우리 한국 기독교의 두 목사가 (미지 아빠 : 그럼요) 체면치레하고 있다' 그런 생각을 하죠, 이거라도 안 했으면(웃음).

미지 아빠   너무 감사하죠. 우리 가족들은 두 분 목사님한테 너무 감사를 많이 느끼고…. 우리 갈 데 없고 맨날 술, 담배 했을 때 한곳에 집중할 수 있도록 허락해 주신 게 이 목공이거든요. 솔직히 저 같은 경우에도 목공에 재주 없어요. 저는 바깥에서 일하는 일인데, 목공방 들어갈라고 했던 것도 저는 아니었었고. 저는 미지가 늦게 올라와서 미지를 보내고 났는데 3일 정도 [유가족] 대기실 왔는데, 우리 반 엄마가 "미지 아빠, 목공방 하실래요?", "아이, 관심 없어요" 그러니까, "그럼 명단이나 올려놓을게요" 그랬었거든? 명단만.

안홍택　　　　지금은 대장이야.

미지 아빠　　　(웃으며) 명단만 올려놓고, "알았어요, 일단 명단만 올려놓으세요". 그래서 "팽목도 왔다 갔다 하다가 이제 시작한다"고 그래서 가봤더니만, 그런데 저하고 일하는 게 많이 접목이 되는 게 뭐냐면, 저는 이제 [본업에서] 치수를 하는 게 좀 있었거든? 바깥에 일을 하다 보니까. 그런데 목공은 저하고 일하는 게, 치수가 너무 엄격해요. 우리 바깥에서 일하는 건 여유라고 그러죠? 한 1센티, 오차를 두고 이렇게 해서 맞추는데, 얘는 오차라는 걸 주면 전혀 안 되더라고.

안홍택　　　　0.05밀리[미터](웃음).

미지 아빠　　　그래서 여기다 맞추다 보니까 속에서 막 부글부글 끓어서 도중엔 그만둘라고, 도저히 못 하겠더라고. 나도 뭐 이렇게 표시를 하면 내가 바깥에서 하던 게 습관이 돼서. 이렇게 돼 있다고 그러면 그것 갖다가 맞추면 안 맞고, 그러니까 막 화가 나고 그러다가, 어떻게 견디다, 견디다 하다 보니까 여기까지 오게 됐네요.

면담자　　　　엄마들은 초기에 했던 분들 혹시 기억하세요?

수연 아빠　　　초기에 엄마들이요?

수인 엄마　　　초기에 DIY 할 때, 너무 대기자가 많았어요. (미지 아빠 : 많았었지) 그러니까 엄마들이 진짜 많이 가가지고 신청을 했더니, "그럼 대기자 명단에는 올려줄게요" 그랬는데, 중간쯤 거의 끝나갈 무렵에 연락이 왔어요. "지금이라도 할래요?" 그래서 "한다"고 그래서 들어갔더니, 진짜 금방 끝나버렸어요. 그 나무 연필꽂이 하나 만들었는데 끝났어요(일동 웃음). 2기 때 다시 신청하고, 또 DIY는 안 하고 이제 안 목사님한테 다시 배워야 하는 그 텀[기간]이 있었는데, 저희 셋이 이진형 목사님한테 의왕까지 가서 몇 개월을 배웠어요. 그렇게 해가지고 서랍장 같은 거를 그러니까 1기 때 못 했던 부분을, 또 다른 엄마들은 못 했던 부분을 이제 한번 배운 거죠, 저희는. 그러고 나서 2기 때 다시 안 목사님한테 처음 배우니까 한번 나무에 대한 재미를 느꼈기 때문에…. 우리는 그 대팻날 가는 데 한 3개월 넘게 걸렸거든요? 아빠들은 그거 금방 끝났다는데(일동 웃음).

박인환   한 달에 끝났죠.

수인 엄마   도저히 안 되는 거예요. 그런데도 버틸 수 있었던 거 같아요. 그리고 솔직히 감리교, 장로교 그 목사님들 가깝게 지내는 거를 저는 여기서 처음 봐요(일동 웃음). 그 모습이 저한테 굉장히 큰 위안이 됐었어요, 그런 게. 그래서 나무도 좋았지만 어떤 사람에 대한 어떤 신뢰를 회복해 가는 그런 과정인 것도 있고 그래서, 저 개인적으로는. 그래서 지금까지 온 것 같아요.

면담자   목사님들이 이렇게 주도하시면 종교색이 강할 수 있잖아요. (동수 엄마 : 그렇죠) 동수 어머님은 그런 점은 어떠셨어요?

동수 엄마   저는 기독교인 아니거든요. 물론 언니는 이제 교회도 [다니지만], 근데 저는 아니었기 때문에, 그러니까 감리교가 뭐고 장로교가 뭐고 사실 그 자체를 잘 몰라요. 그런데 요즘 드는 생각은 제가 만약에 종교를 선택한다면, 이런 분….

안홍택 　　　장로교로? (웃음)

동수 엄마 　　네, '이런 분 계시는 교회 가면 좀 좋지 않을까?' 생각은 요즘은 들더라고요. 그런데 제가 어디야, 저기 [수지 고기교회 있는데]까지 이사를 가서(웃음). 그런데 지금 조금 바뀌는.

안홍택 　　　어디로 이사 갔어요?

동수 엄마 　　아니, 만약에 [가게 되면]. 갈 수가 없다고요(웃음).

박인환 　　　그런데 저도 그렇고 안 목사님도 그렇고, 되게 그런 게 있잖아요. 저도 그런 이야기를 간접적으로 들었는데, "아, 저 박인환이가 저 세월호 가족들 곁에 딱 붙어 있는 거 자기네 교회 좀 데려가려고 하는 거 아냐?" 이런 이야기를 감히 하는 놈들이 있더라고. 그런데 안 목사님이나 저나 '아이고, 예수 믿으시오. 교회 갑시다' 그런 적 전혀 없었죠?

미지 아빠 　　네, 한 마디도 없었어요.

수연 아빠 　　한 번도 없었어요.

수인 엄마 　　부담이 서로 없었어요.

박인환 　　　네. 그거 뭐, 아니 정말 목사들이 목사답게 살고, 예수 믿는 사람처럼 살면 그게 전도이지, 우리 교회 끌어댕기는 게 전도는 아니잖아요.

동수 엄마 　　요즘 제가 전도하고 있어요. 언니보고 화정교회 가라고 꼬시고 있어요(웃음), 저는 못 가니까.

면담자   제가 목사님으로서는 직무태만이라고 말씀드릴라고 그랬는데, 정답을 주셨네요(일동 웃음). 저는 종교인인 입장에서 보면, 목공소가 종교인이건 아니건 삶의 한 현장일 수 있겠다는 생각이 들어요. 이 목공소 활동을 처음 시작했을 때 특히 목사님들 주변 반응은 어땠나요? 주변 시민들이나 또는 교회 신도분들의 반응은 어땠어요?

안흥택   처음에 다영 아빠하고 민정 아빠하고 몇 분들이 왔을 때, 그런 이야기를 했어요. 이제 "목공소를 한다"고 그럴 때 했던 이야기가 뭐냐면, 전 그게 아직도 기억이 나요. "살아야 되겠다" 그 이야기를 했어요, "살아야 되겠다". 그리고 앞으로 이 세월호에 대한 진실 규명이 되고 [생명]안전공원, 그때는 뭐 안전공원은 생각은 미처 하지 못할 때였지만, 그런 것들이 전부 다 된다면, "계속 살아야 되지 않겠느냐". 그랬을 때 이제 그런 이야기들이 나왔어요. "공동체, 살아야 된다는 말은 이제 공동체가 만들어져야 되는데, 그냥 와서 커피 마시고 하는 그런 수준이 아니라, 정말로 협동조합이 만들어져서 카페나 뭐 식당이나 많은 것들[뿐만 아니라], 그렇다면은 그런 면에 있어서도 공방이 그냥 취미 공방으로만 끝날 게 아니라 더 나아갈 수도 있지 않겠느냐"고 처음에 그 이야기를 했었어요. 그리고 실제로 그게 구현이 된 거야. 사실은 이 과정이 쉽지가 않거든요, 여기까지 온 자체가. 아, 정말 물 흐르듯이 지금 이렇게 흘러오는데, 어쨌든 기업이 만들어졌다는 거, 저는 이게 시발점이 아니겠나 싶어요. 가족 속에서 마을공동체 혹은 4·16공동체가 일자리도 창출해 내는 그런 구체적인, '안산의 하나의 협동조합의 어떤 선도가 될 수 있지 않나' 그런 생각이 들었어요.

면담자	미지 아버님, 창립일을 언제로 보아야 됩니까?

박인환   그거 안 적어놨잖아.

미지 아빠   창립일은….

안흥택   있어, 있어. 그때 우리 저거 했잖아, 기념식.

동수 엄마   창립총회 했잖아요? 그거 아닌가요?

미지 아빠   아니, 처음에 한 거 있는데….

안흥택   현판식, 그거로 보면 되지.

미지 아빠   현판식이 있는데, 그게 날짜를 모르잖아요.

안흥택   알아, 알아, 알아. 나한테 있을 끼야.

미지 아빠   아, 그래요?

박인환   그럼 가져오세요. 이걸, 내가 그걸 적어놓지를 않아 가지고.

미지 아빠   나도. 그 전 노트에 보면 있을 텐데.

수연 아빠   그때, 그 개회식, 뭐 식순에 의해서 뭐 이렇게 했는데, 자료 있어요.

박인환   그게 2015년 10월이었나? 하여간 이렇게 부실합니다, 저희들이.

안흥택   그게 가을이었잖아요.

미지 아빠	네, 가을이었어요.
박인환	10월이었어요, 10월 달.
미지 아빠	10월 달 정도.
수연 아빠	기록에 대한 경험들이 없어 가지고 기록이 조금(웃음).
박인환	저는 안 목사님 말씀에 보태면, 처음에 그 이야기 들었을 때 제가 '아, 이거다', 이야기는 다른 사람에게 나왔지만 '아, 이거다'. 그래서 제가 안 목사님하고 다영이 아빠 만난 다음에 바로 [기독교대한감리회] 감독회장한테 가서 두 가지를 이야기했어요. 하나는 "이 사람들은 아직까지 마음이 마음이 아닙니다. 이거는 구름 위에 발 디디는 것처럼 이건 하루가 어떻게 될지 모릅니다. 이게 마음 둘 데가 없는 사람들인데, 이 목공에 집중하다 보면 아주 조금이라도 마음이 어떤 치유가 될 겁니다". 그리고 또 하나는 "이들이 직장으로 돌아가는 건 참 무모합니다, 힘듭니다. 그러니까 장기적인, 좀 먼 훗날 이야기일지는 몰라도, 이것이 업이 될 수 있도록 협동조합이나 사회적기업을 만드는 데 교회가 도와줘야 됩니다" 그랬더니 굉장히 좋게 생각을 하더라고요. 저는, 처음부터 안 목사님도 그런 생각을 하셨다는데, 저는 아주 구체적으로 그렇게 생각을 했어요, 저도. 그런데 안 목사님 말씀처럼 이게 지금까지 잘, 생각 이상으로 고비 고비가 있었고 고민도 하고 그랬지만, 결과적으로는 생각보다 훨씬 더 잘되어 왔거든요? 그런데 이제 또 하나 남은 고민이… 이제 협동조합이 시작했는데….

안흥택	돈이 되어야지, 협동조합이(웃음).
박인환	돈이 되어야 되는 거예요.
안흥택	그게 문제야, 결국은 돈 문제지.
박인환	근데 이게 잘될 거라고 생각을 하고, 이제 일단은 우리가 건강을 해야 되잖아요? 건강하려면 잘 먹고 잘 소화를 시키고 그래야 되는데, 그러려면 돈을 벌어야 됩니다. 이게 뭐 세월호 유가족들은 이슬 먹고 사는 사람들도 아니고. 그래서 이 지금 남은 과제는 이 사업을 잘해서 우리 자신들도 살고, 또 여기 지금 조합원 외에 다른 사람들도 이것으로 인해서 좀 낙수효과라든지, 특히 가족들이 많이 볼 수 있었으면 좋을 것 같아요.
면담자	지금 정수아 선생님께서 확인해 보니까 2015년 9월 17일에 그 행사가 있었어요.
동수 엄마	빠르셔.
수연 아빠	아, 맞아. 그땐가 보다.
면담자	그날 어머님들도 참석하셨어요?
수연 아빠	했었죠, 네.
동수 엄마	1기 멤버들이겠죠.
면담자	동수 엄마는 참석하셨어요?
동수 엄마	저는 안 했죠, 저는 한참 뒤에.

면담자	수인 어머님은요?
수인 엄마	저는 못 했어요.
박인환	여기 엄마들은 그때 안 계셨어요.
수연 아빠	그때 엄마들이, 지금 [4·16]기억저장소에 있는 엄마들이 대부분이었어요.
미지 아빠	1기생들만.
수연 아빠	재강이 엄마, 도언이 엄마, 고운이 엄마, 그리고 호성이 엄마, 또 지혜 엄마 등등. 또 그 외에도 엄마들이 좀 많았어요.
박인환	열몇 명 됐지.
수연 아빠	그리고 또 활동 잘 안 하시는 엄마들도 많이 나왔어요.
안홍택	그래? 그 엄마들은 지금 하나도 기억이 안 나.
수연 아빠	네, 지금 얼굴 안 보이는 엄마들도 그 당시에 목공소는 나왔어요. 엄마들이 많았어요. 엄마들이 제가 볼 땐 한 10명 되고. (미지 아빠 : 12명) 12명이고, 아빠들이 한 7, 8명 되나? 창현이 아빠까지 왔었으니까, 처음에는. 처음에 왔다가 결국에는, 그런데 6명이 남았고.
박인환	호성이, 호성이 아버지도 왔고.
수연 아빠	호성이 엄마도 나왔고, 호성이 아빠도 왔었죠. 많이 왔어요.

박인환   성빈이 아버지도.

안홍택   맞아, 성빈이 아빠.

박인환   그러니까 일곱 명. 아버지들이 일곱 명이었구나.

수연 아빠   그래서 하다가 이제 2기 때 다들 교체되면서 이제 좀 어느 정도 체계가, 그 인원수는 체계가 됐던[잡혔던] 거 같아요.

박인환   그러니까 그동안은요, 계속 [4·16세월호참사]가족협의회에서 염려한 게, 처음에 좀 "이걸 한다"고 할 때 좀 찜찜하기도 했어요, 가협에서. 왜냐하면 "이거 우리가 팽목항도 가고, 광화문도 가고 가야 할 데가 많은데, 거기 붙어 있으면 활동을 안 할 거 아니냐?" 그런데 제가 볼 때는 여기 목공방 엄마, 아버지들만큼 활동한 사람도 없을 거 같아요. 열심히 했습니다.

4
목공을 통해 경험하는 느낌과 개인적 변화

면담자   지금 기술 수준은 어느 정도서요? 제가 이렇게 질문을 하고 싶은데요, 제일 처음에 목공의 손맛이랄까? 그것을 보기 시작한 상태의 느낌에서부터 현재 기술 수준까지 자기 기술이 성장해 온 과정에 대한 이야기를 듣고 싶어요. 미지 아버님부터 부탁드립니다.

미지 아빠   기술 수준이라 하면 처음에 이제 우리 목사님 지도하에서 이제 배웠을 때는 너무 신기했었죠, 사실은. '야, 나무 가지고 이렇게 할 수도 있다'라는 생각을 들고서 했는데, 이젠 목사님이 과제를 내주시는 거예요. 이제 어느 정도 저기 뭐야 기술을 가르쳐주신 다음에 "뭐 하나 만들어봐라" 그러면 그 하나에 도전을 하게 되면은, 처음에는 실패를 많이 봤죠, 뭐 치수 때문에, 그 오차 간격 때문에. 그래서 아, 이제 하다 보니까 이제 첫 작품을 만들었는데, 너무 성취감이 좋더라고. '야, 내가 목공을 배워서 저걸 만들다니', 이런 성취감? '야, 이것도 해볼 만은 하다'라고 생각을 하면서 이제 그때부터 조금씩 조금씩 하다 보니까 벌써 4년, 3년이라는 시간이 흘렀네요. 이제 3년 동안 지금까지 와서 보다 보니까, 자신은 못 하지만 그래도 '아, 흉내는 낼 수 있겠구나'. 어느 물건 오더[주문]를 받으면 만드는데, '진짜 고도의 가치는 못 하겠지만 아, 나쁘지 않겠다'라는 생각까지는 들죠, [지금] 기술이라는 게, 그런데 '우리가 여기서 조금 더 이제 상승을 해서 완벽하게 하게 만들 수 있는 실력이 되려면 좀 몇 년 더 있어야 하지 않나', 그렇게 생각을 해요, 저 자신은.

박인환   물건 만들어서 팔다 보면 확 늘어요.

미지 아빠   그러니까요. 그게 왜냐하면 '만들어서 팔면은 상품 가치를 높여야 되니까 고도의 성장률이 있을 거'라고 저는 생각을 해요.

면담자   작품을 만들 때는 도면을 먼저 그립니까?

미지 아빠   네, 도면부터 그리죠.

면담자   도면 그려서 그 도면대로 만들게 된 게 시작한 지 얼마 정도 지나서였어요?

미지 아빠   한 6개월? 뭐 대패 갈고 뭐 하다 보니까, 뭐.

박인환   그렇지.

미지 아빠   상감요법, 뭐 제비촉 이렇게 하다 보니까 6, 7개월 정도는 된 거 같은데. 목사님 안 그러신가요?

안홍택   그거 쉽지 않아요. 도면대로라고 하는 것은 그게 이제 마감까지 다 되는 거거든요. (미지 아빠 : 그렇지) 지금은 거기까지 올라온 거 같아요, 거의. 아직도 섬세한 부분에 있어서는 자세히 보면 직선이 완벽하지 못한 경우도 있는…. 이제는 죽기 살기로 해야죠 (웃음). 근데 이제는 프로가 되기 때문에 툭 치고 올라갈 거 같아요. 안 하면 이제는 뭐, 큰일 나지.

미지 아빠   그럼요.

박인환   안 사는데 .

안홍택   네, 거기까지는 왔어요. 그런데 그거를 이제는 치고 올라갈 수 있지 않겠나 [싶어요].

면담자   수연 아버님은 무엇 무엇을 배웠어요?

수연 아빠   저는 참 할 말이 많아요(웃음). 처음부터 시작하면, 저는 솔직히 말씀드려서요, 이 드릴질도 한 번도 안 해봤어요. 저는 그전에 회사를 다니면서 관리 쪽만 있었기 때문에, 건축하는 회사인데도 불구하고 관리 쪽만 있었기 때문에 이 망치질은 집에서 했지,

망치질은 집에서 했지만 진짜 드릴질을 한 번도 안 해봤어요. 여기 와서 처음 한 거예요. 그러니 얼마나 힘들었겠습니까? 미지 아버님 같은 경우에는 그래도 외부에서 이런 일을 해봤기 때문에 경험이 있어서 어느 정도 좀 손이 빨리 익힐 수 있을지 몰라도, 저는 처음이어 가지고 완전 맨땅에 헤딩. 구박도 많이, 많이 했었고[받았고], 지금도 사실 구박 많이 받는데, 목공소 와서 처음 제작한 게 (앉아 있는 책상을 치고 반대편을 가리키며) 이거하고 저거예요. 저기 선반하고 요거. 이거 처음에 구멍 뚫고 이제 뭐 피스질[못질] 하고, 피스질도 처음 했어요. 피스질 하고 이게 완성이 되더라고요. 그래서 이게, 왜냐하면 거기 몰입하게 되면은 이 다른 잡념이 없어지고, 재단해 가지고….

제가 조금 그래도 캐드[CAD, 설계 프로그램]를 조금 했어요. 그래서 캐드를 하면 장점이 뭐냐 하면 정확한 것도 정확하지만 기록이 남아요. 기록이 저장이 돼요. 그래서 나중에 들어가도 그걸 찾을 수가 있어요, 그 도면을. 찾아가지고 이런 것도 이제 캐드로 만들어가지고 그래서 이렇게 만들면 성취감도 생기고. 또 이제 '엄마하장[엄마랑함께하장]' 하면서 이제 탁자 좀 만들고 이런 의자를 만들어서 판매도 하고. 어설프지만 굉장히 허점도 많고 하자도 많지만, (면담자를 보며) "하자 없으시다"고 그래서 다행스러운데, 그래 가지고 만들어가지고 이제 판매도 하게 되고…. 이제 그런 수준이에요. 그리고 이제 [4·16]기억저장소에서 가끔 주문이 들어와 가지고 탁자도 만들고, 또 박 목사님이 또 만들라고 그래서 탁자도 만들어서 또 납품도 하고, 그런 재미를 이제 갖기 시작했죠. 그래서 아주 기술적인 고난이도는 아직 멀었고, 뭐 '하면 되겠다'는 이제 나름대로 자신감은 조금 얻었다고 할 수 있는 거죠. 기술적인 거로는 아직 초보 단계예요.

이제 천차만별이에요, 우리 또 구성원들도 보면. 좀 어느 정도 이 궤도에 올라간 팀원도 있는 반면에 저처럼 아직도 뭐 좀 배우는 단계에 있는 팀원도 있고. 여러 가지 이제 협업을 하면 될 것 같아요, 협업을. 나름대로 자기 기술에 맞춰가지고 마감하실 수 있는 분은 마감하고, 재단하시는 분은 재단하고, 또 뭐 조립하시는 분은 조립하고, 이렇게 협업하면 완성체를 만들 수 있겠다 [싶어요]. 어떤 주문이 들어왔을 때나 또 각자 관심 분야에서 하면서, 각자 관심 분야를 하면서 예를 들어서 주문이나 오더가 떨어지면 같이 협동해 가지고, 협동조합이 그런 거 아닙니까? '서로 협동을 하고 협업을 하면 하나의 완성품을 만들 수 있겠다', 그런 가능성을 보고….

저는 이제 목공방에 처음 이제 들어왔을 때 기술도 기술이지만, 우리 같은 아픔을 같이 이렇게 공감할 수 있는 사람들이 모일 수 있는 장소가 있다는 게 좋았어요. 물론 [분향소 유가족] 대기소도 있었지만, 대기소라는 건 나와서 그냥 앉아만 있고 그냥 이야기하다 그냥 뭐 TV만 보고 가고 [하니까] 좀 그렇더라고. 그래서 그건 좀 안 좋더라고요. 물론 만날 수 있는 건 너무 좋은데, '같이 뭔가 할 수 있는 게 참 있으면 더 좋을 텐데' 했는데, 마침 이제 목공소라는 게 생기면서. 그때 이야기 나온 때 저도 같이 있었어요, 미지 아버님하고 저하고. 저한테 먼저 이야기했어요, "목공방 그거 좀 맡아주실 수 없느냐"고. 그래서 제가 기술이 있다고 그러면 제가 흔쾌히 그걸 승낙을 했을 텐데, 그런 부분에서 초짠데, 전혀 기술이 없는데 나보고 대표를 맡으라는 것은 전혀 내가 감당을 못 하고, 대신 그래서 미지 아버님이 옆에 있었을 때 "미지 아버님이 대표를 하셔라. 그러면 내가 옆에서 서포트하면서 하겠다", 그래서 떠밀다시피 한 거예요. 그러면 제가 이제 "그러면 총무를 내가 맡고 형님이 대표 하세요" 그래서 형님이 마지못해서 이제 하게 됐고, "같이합시다" 해가지고 한 거예요. 그래서 거기 또 말에 책임감이 있어 가지고, 책임이 있기 때문에 제가 또 계속 또 같이해 온 거고. 이제 이렇게 여기까지 온 거거든요. 이제 앞으로는 협동조합까지 만들었으니까 수익을 창출해 가지고 생계에도 도움이 되고….

안홍택   그 기술력은 시간이 가면 돼요, 다 돼요. 문제는 디자인이에요. 이거는 우리들에게 없거든요. 그게 큰 관건인 거 같아요. '디자인을 과연 어떻게 이제 도움받을 수 있을까, 어떤 분이 우리와 함께할 수 있을까?' 이게 제일 큰 관건이 아닌가 싶어요.

면담자   목사님 말씀하신 김에, 무엇 무엇을 가르치셨습니까?

안홍택   일단은 제일 중요한 거는, 이게 목공은 수직, 수평이거든요, 항상 수직, 수평. 그런데 수직은 톱이고 수평은 대패고. 그래서 사실 대패가 제일 어려워요, 처음에. 그런데 이거를 넘어가지 못하면, 이거를 또 넘어가야 해요. 굉장히 예민하거든요, 섬세하고. 그러니까 마치 잠자리 날개처럼 얇은 걸 깎아내야 하는데 그러려면 이제 기계의 속성을 알아야 되고, 나무에 대한 것도 알아야 [되고], 이러면서 이제 배워나가면서 기본적인 장부맞춤을 배워나가죠.

DIY는 이제 드릴하고 피스 박는 건데 그건 좀 그런데, 장부는 암장부하고 수장부가 정확하게 들어맞아야 되거든요. 그건 치수가 정확해야 돼요. 그걸 이제 0.05밀리[미터], 그 0.05밀리가 대패로 밀 때 나오는 그런 나무 두께에요. 굉장히 섬세한 거라서, 그래서 그런 제비촉 따는 것부터 시작해서 또 주먹장 따는 거, 장부맞춤하고 여러 가지가 있고요. 그런 과정들을 가르쳤죠. 그래서 지금 아빠들은 [목공교육지도사] 2급을 다 땄고요, [한국]목공[교육]협회에서. 지금 1급 자격증을 가질 만해요, 다들. 그래서 '이제 1급 자격증 신청하면 아마 바로 나올 수 있지 않겠나' [싶어요]. 그런데 엄마들이 이상하게 지연이 돼가지고 지금 아직 2급을 못 땄는데, 빨리 따야죠. 진행하면서도 2급을 다 가질 자격들이 돼 있기 때문에, 그거 제비촉을 못 넘어가고 있죠? (동수 엄마 : 네) 제비촉을 못 넘어갔어요. 이게 만만치 않거든요. 그런데 아빠들은 어쨌든 다 넘어갔는데, 여기서 탁 걸린 거예요. 이상하게 걸리더라고, 나는 그때 더 섬세할 줄 알았는데.

동수 엄마　　그때 제비촉 할 때가, 제비촉 할 때 그때 저희가 집중을 못 했어요, 연극 때문에. (안홍택 : 맞아) 공연이 너무 많았거든요.

수연 아빠　　활동을 했기 때문에.

안홍택　　이게 집중을 해야 되는데 하다가 (동수 엄마 : 흩어졌어) 또 하다가 중간에 이러니까 이게 안 되는 거야.

동수 엄마　　공연 가버리고, 하다가 공연 가버리고….

박인환　　여태까지는 목공방 식구들이 다 그랬죠, 뭐. (수연 아빠 : 그렇죠) 뭘 하다 보면은 팽목으로 가야 된다, 또 어디로 가야 된다.

미지 아빠　　(동시에) 목포 가야 되면 가고.

수연 아빠   (동시에) 광화문 가야 되고, 뭐 여기저기.

동수 엄마   그 당시엔 저희도 너무 많았어요.

안홍택   그래서 넘어가고, 아빠들은 2급 따고.

수연 아빠   [활동을] 놓을 수도 없었고.

면담자   그런데 2급을 따기 직전 상태면 그래도 상당 수준에 와 있는 거 아닙니까?

안홍택   아, 그럼요. 네네.

동수 엄마   대패랑은 넘어갔으니까, 네.

면담자   수인 어머님은 어떠셨어요? 처음에 목공 자체가 전혀 알지 못하는 세계 아니었어요?

수인 엄마   네, 제가 해본 거라고는 연필 깎는 거 외에는 해본 적이 없으니까. 그런데 되게 생소할 줄 알았는데, 모르는 것이라 좀 더 집중하게 되고 또 몸을 쓰고 땀을 흘리는 것이라 좀 더 더 잡념에서 벗어날 수 있고, 그러면서 뭔가 이제 내 손으로 하는 결과물이 나오니까 그거에 대한, 이게… 다른 사람이 봤을 때는 이상하지만 내가 이 상황에서도 뭔가를 만들어낸다는 그런 좀 만족도?

안홍택   만족감이 있지.

수인 엄마   네, 그런 것도 있고.

안홍택   그게 뭐냐면, 4·16 가족들은 [투쟁 과정에서] 계속 깨졌 잖아요. 어디 가도 항상 깨지는데 (수인 엄마: 네네) 이거는 생각한

대로 되니까 그 만족감도 있었던 것 같아요.

동수 엄마   그래서 우리가 시작했던 거예요.

수인 엄마   그래서 시작했어.

동수 엄마   저희가 원래 세 명이 다 같이 도자기를 했었어요. 흙으로 만드는 거잖아요, 이건 나무지만. 그러니까 그 만족감도 있었거든요, 흙으로 빚어서 물건이 나오고. 그러니까 손으로 하는 거니까, 그러다 보니까 목공이 있으니까, 엄마들도 많이 한다니까, 그래서 흙처럼 목공도 처음부터 배우고 싶었던 거거든요. 그러니까 이게 뭐 남녀 그런 게 아니라, 그러니까 쉽지 않은 작업이잖아요. 이렇게 대패질부터 시작해서, 한 번도 칼도 갈아본 적이 없는데. 그거 미는 거 뭐지?

박인환   대팻날?

동수 엄마   네, 대팻날부터 미는 거부터 해가지고 사실 진짜 생소했는데 저희가 엄청 오래 걸렸거든요, 그거 통과하는 데.

수인 엄마   3개월 걸렸어요.

박인환   대패를 사면 그냥 쓰는 게 아니고, 대팻날을 날을 갈고 수평을 맞춰야 되거든요. 그런데 저희들은 한 달에 다 했죠? 아마 우리 그때는.

동수 엄마   네, 아빠들은 그렇죠.

박인환   남자들은 한 달에 다 했는데 엄마들은 그렇게 석 달에 겨우 대팻날을 맞췄다는 거죠.

수인 엄마   거의 다 갈았어요. [그런데] 왜 그러냐면 이게 대팻날이 깨져 있었고 막 그래 가지고.

동수 엄마   그러니까 뭔가 안 맞는 것도 있었지만 참…. 근데 참 오래 걸렸는데도 좋았었어요, 그 작업 자체가.

수인 엄마   네, 해냈다는 게.

안홍택   성취감이 들어서. (수인 엄마 : 네, 더 컸어요) 제일 중요한 고빈데, 그거 하다가 그냥 그만두는 사람도 있어요.

면담자   그렇게 목공소에서 무아지경으로 일을 하다가 집에 가시면 어떠셨어요?

미지 아빠   집에 가면은 또 속이 터지죠. 목공방에서 작업했을 때는 거기에다가 신경을 쓰고 재미를 느끼고 했을 때는 다 잊어먹지마는, 목공을 딱 접고서 집에 들어가면은 그 시간만 되면은, 애 들어올 시간만 되면은 나도 모르게 자꾸만 쳐다보는 습관이 몸에 배어 있어 가지고 너무 힘들었죠. 집에 가면 또 서로 부부지간에도 대화도 없고, 자식도 있어도 대화가 안 되고 그러니까, 전부 다 집에 가 있어도 그냥 개인행동? 그냥 가만히 우울하게 그냥 시무룩하고 있는 거죠. 그러다 또 날이 새면 다시 또 이제 목공방 나와서 또 잊었다가 들어갔다가 생각났다가…. 이런 일을 매일 반복을 하다가 이제 어느 정도가 좀 세월이 지나고 그러니까 부부간에 조금씩 대화가 열리기 시작되더라고. "뭐 힘들었어? 뭐 재밌었어?" 이렇게 오고 가는 말도 그렇게 하다 보니까 이제 부부간에도 서로 말이 오고 가니까 조금 친해지고. 그러다 보니까 가정도 조금은 화목해진 거 같아요, 이 목공을 하면서. 그런 걸 좀 많이 느꼈어요.

면담자   수연 아버님은 어떠세요? 가정은 원래 많이 화목하셨나? (일동 웃음)

수연 아빠   저는 이제 집에 가면은 우울하고 그러니까 거의 집에를 잘 안 있거든요, 운동 가러 좀 많이 나가고. 그리고 예전에는 TV도 예능 프로그램이나 드라마도 많이 보고 그랬는데 그게 눈에 안 들어오더라고요. 보면 특히 시사 프로그램이나 이제 보면서 이거 좀 정권이, 예를 들면 박근혜 정권이 뭐 이렇게 잘못되면 이런 거에 어떤 위안을 삼고(웃음). 시사 프로그램이나 보고 그렇지 않으면 운동하러 나가고. 좀 그래서… 주로 뭐 개인 시간을 많이 보냈죠.

면담자   목공처럼 손을 놀리는 일을 하는 그 과정 자체가 일종의 치유 과정이었을 것 같아요. 그래서 목공을 시작하고 3년이 넘는 시간 동안의 개인적인 변화를 여쭤보려던 거였습니다. 혹시 어머니들은 어떠세요?

동수 엄마   저는 그랬던 것 같아요. 3년, 4년… 한 번도 손을 놓은 적이 없는 거 같아요. 그러니까 목공소 나오면 목공소에서 아무 생각 없이 일했고요, 연극 가면 연극에서 일했고, 집에 가면 또 집에서도 가만히 못 있어요. 솔직히 못 있어요. 엄마들 다 그랬을지는 모르지만 저는 그랬던 것 같아요. 집에서 쓸고 닦고를 시작해서 퀼트, 바느질, 매듭… 잠을 안 자고 그걸 했으니까. 그래야 버텼거든, 저희는. 그러니까 분향소에서 또 술 먹고 이럴 수는 없으니까, 애가 있고, 아빠가 또 바쁘고 하니까. 그러면서 한 4년 버텼던 것 같아요. 아직까지도 그러고 있고, 잠깐 앉아 있으면 너무 우울하고 막 그러니까…. 지금도 집에서 그러고 있고….

박인환 뭐 수연이 아빠는 뭐 한 6개월 하더니 어느 날인가 "목공소 나와서 몇 달 하다 보니까 잠이 온다"고 그런 이야기 하더니, 왜 그런 이야기 안 해?

수연 아빠 아, 그렇죠(한숨). 처음에 이제 [목공소] 나오기 전에는 뭐 여러 가지 힘들고 뭐 그러니까 잠도 잘 안 오고, 생각나고 뭐 이러니까…. 그런데 이제 일을 하면서 거기에 집중하게 되고 하다 보니까 잡념도 좀 없어지고 그랬어요. 진짜 한 6개월 정도 하고 나니까 뭐 잠도 막 오게 되고, 그래서 더 나가게 된 거 같아요. 더 이렇게, 실력도 없고 기술도 없지만 자꾸 뭘 하려고 하고 그랬었죠, 초기에.

면담자 수인이 어머님은 이 작업 하시면서 수인이 생각을 할 때가 있으세요?

수인 엄마 네, 생각은 날 때가 있어요. 뭐 특별한 날 같은 때는, 재판을 가야 될 계획이 있고 그러면은 생각나고. 이제 가끔 꿈꿀 때는, 나와서 일을 하더래도 기계를 안 만져요, 그때는. 왜 그러냐면 헛생각을 하면 이거는 바로 사고로 연결되기 때문에.

동수 엄마 엄마들은 그랬던 것 같아요.

수인 엄마 네, 이렇게 나와서 말하면 다 알고, 다 이해해 주고,

대신 옆에서 조금씩 더 도와주고. 아마 셋이 서로 의지하면서 그렇게 그랬던 것 같아요.

동수 엄마   그게 컸던 것 같아요, 우리는.

면담자   이게 유가족끼리의 관계가 아니면 생기기 어려운 상호 돌봄의 모습이겠네요. 서로서로 어려움을 극복해 가는 중요한 모델을 보여주신 거라고 생각이 되네요.

동수 엄마   그렇죠, 서로서로.

5
목공방의 운영과 기억에 남는 작품들

면담자   아까 잠깐 놓친 부분이 있어서 여쭤보겠습니다. 1기, 2기 이런 말씀 하셨는데, 3기도 있어요?

미지 아빠   아직 3기는 아직 모집을 안 했어요.

면담자   1기와 2기는 무엇으로 구분을 하나요?

미지 아빠   1기는 이제 첫 번째 시작한 사람, 첫 번째 졸업하고 이제 두 번째 한 사람이 2기, 그게 1기, 2기인 거예요.

면담자   첫 번째 1기는 아까 말씀하신 이 목사님과 같이한 DIY 수업이겠네요?

미지 아빠   네네, DIY가 끝나면은 이제 2기가 들어왔었거든요.

면담자　　　2기 시작한 건 언제쯤이에요?

미지 아빠　　그것도 날짜를 모르겠네요.

안홍택　　　그러니까 그게 왜 DIY를 했냐면 엄마, 아빠들은 빨리 하고 싶어 했어요. 그런데 기계가 있어야 되잖아요. 그런데 기계가 들어올 수가 없었어요. 그렇지만 DIY는 이런 나무들이 이미 다 재단이 돼서 들어오거든요. 그런데 이 장부맞춤은 재단부터 시작이 되기 때문에 "그렇다면 일단은 DIY부터 시작을 하자" 그래서 6월 달인가? 그때부터 8월 말 정도까지 이제 DIY가 한 3개월 정도 했을 거예요. 그러고 나서 이제 정식적으로 장부맞춤이 시작됐죠. 이게 보통 1년 이상 걸려요, 그게 대패부터 시작하면 1년 정도. 그리고 마지막으로 삼방 연귀, 제비촉 맞춤으로 작품도 하나씩 만들었죠. (뒤쪽의 작품을 가리키며) 저거지?

미지 아빠　　네, 저것도 있고.

수인 엄마　　(앞쪽을 가리키며) 저쪽도.

안홍택　　　저걸 하나씩 만들면 졸업이에요. 저게 이제 마지막 기법인데, 그러고 나서 2기. 우리 엄마들이 2기죠.

면담자　　　부[副]면담자 정수아 선생께서 찾아보시니까 2기의 첫 상견례가 2016년 10월 13일이었습니다.

박인환　　　아, 딱 1년 만에 했네.

수연 아빠　　1년 다녔어요.

안홍택   그죠, 1년 걸리거든요.

면담자   그러니까 지금 정리를 하자면 이렇게 되겠네요. DIY는 시작해서 한 3개월 정도 하고 끝났고, 그다음에 안 목사님이 하신 본 목공은 1년 정도로 1기가 지속이 됐네요? (안홍택 : 네) 그리고 2016년 10월 13일부터 2기가 시작돼서 현재 멤버들이 이제 안정되기 시작한 걸로 이렇게 정리가 되네요.

미지 아빠   벌써 그렇게 됐나? 맞네.

안홍택   3기가 또 모집이 되겠죠. 그 3기는 아빠, 엄마들이 가르치기로 했어요, 아빠, 엄마들이. 이제 저는, 나는 이거 대패 정도만 가르치고 (구술자들을 가리키며) 나머지는 이제 다 하시니까. 그래야, 가르쳐야 자기 게 되니까.

수연 아빠   그리고 3기는 시간이 좀 필요해요. 일단 협동조합이 구성이 되었기 때문에 여기서 우리가 이제 소기의 목적이 달성이 되어야 되고.

박인환   지금 "여기 와서 돈 내고 배우겠다"는 사람이 많아. 나한테 "언제 모집하냐?"고 그러는데, 그런 계획 없어요?

미지 아빠   할 거예요, 그거는요.

수연 아빠   교육사업. 사업이죠, 이제 앞으로는.

박인환   아니, 세월호 가족들 아닌 외부인들, 일반인들, 목사나 일반인, 우리 교인도 있어요. "언제 모집하냐?"고 그래서 내가 자꾸 사기 치고 있어. "곧 모집한다, 곧 모집한다" 그러는데.

수연 아빠   사업으로 이게 이제 확대되어야 하기 때문에 우리가 기반을 잡고 체계를 잡은 다음에 교육사업도 하는 거죠. 이제 모집을 해서 하는 것도 있고, 우리가 출장을 나가서 하는 것도 있고, 교육사업으로 이제 확대가 되는 거기 때문에.

안흥택   그때 그런 이야기도 좀 했어요. 우리가 청소년 아이들 대상으로 우리 아이들 생각하면서 청소년 아이들 와서 가르칠 수도 있고.

수연 아빠   그건 그러니까 2기, 3기 그런 개념은 아니고 교육사업으로 봐야 되는 거예요.

면담자   현재 협동조합 운영 상황은 이따가 제가 한꺼번에 다시 한번 여쭙게 될 것 같고요. 1, 2기 운영 구조에 대한 이야기를 조금 들어야 돼서 짧게만 확인을 할게요. 1기, 2기 때도 무슨 대표 이런 게 있었습니까? 미지 아버님 직함이 뭐예요?

박인환   방장, 목공방장.

미지 아빠   아니, 제가 처음서부터 이야기해 볼게요. 목공방 처음에 했을 때는 명의만 들어갔었다가, 그 뭐 그중에서도 "대표가 있어야 된다"고 그러더라고요. 그래서 대표를 전부 다 안 할라고 그래. 나도 솔직히 못하는데, (수연 아빠를 가리키며) 저 친구가 이야기했다시피 나이가 제일 많은 죄로 "그럼 형님이 방장 하세요, 내가 총무 하겠습니다" 그래서 "아, 그럼 그래라" 그래서 이제 시작해서 그렇게 쭉 해오다가, 이제 합동영결식 하고 나서 여기 이사 왔을 때 이제 협동조합을 하는데도 마찬가지야. 이사장으로 하래요, 나보고. "나 이 사장 안 한다"[고], 저는 거기서 "한 번 했으니까 그만하겠다"고 그랬 더니 전부 다들 "안 한다"고 또 전부 다들 이야기를 하더라고. 그럼 또 어떻게 해. "그럼 내가 초기 단계니까 무조건 또 하겠다", 근데 나 임기도 안 물어봤었어요. 근데 임기도 처음에는 "4년"이라고 그러더 라고. 근데 우리 저기 [안산시에서] 맨투맨[으로 지원]해 주시는 분, [사 회적기업 팀장]이 "이거 임기 너무 긴데 2년으로 해요" 해서 2년이 돼 있거든. 그래서 내가 2년 동안만 하겠다고 그래서 지금 제가 협동[조 합] 이사장으로 돼 있어요. 그렇게 등록이 돼 있어요. 그래서 저는 강제로 떠맡아 가지고 지금 하는데….

박인환   아니, 다른 데서는 이사장 못 해서 싸움인데(일동 웃음).

미지 아빠   아니, 근데 그건 그렇죠. 그건 명예가 있으니까 그건 그런데. 능력도 안 되고 그러는데 하라고 그래서 지금 하고는 있는 데, 앞으로 끌어가려니 좀… 어떻게 할란지도 모르겠고, 지금. 가긴 가야 되는데….

면담자   협동조합 되기 전에는, 그러니까 예를 들어서 회의라 든지 이런 것도 있었습니까?

수연 아빠   창립총회를 했죠.

미지 아빠   창립총회는 했죠. 협동조합 이제 발기를 했죠.

면담자   협동조합 말고 이전에 목공방 운영할 때는 운영회의 라든가 이런 것은 없었습니까?

미지 아빠   아니요, 그런 거 전혀 없었어요. 그냥 명예직으로 목
공방장.

박인환   모여서 자연스럽게 의논하고 그랬죠.

동수 엄마   그러니까 없이도 여기까지 왔어요.

수연 아빠   자유토론은 많이 했죠, 자유토론.

동수 엄마   아마 저희 엄마들이 2기로 들어오면서 목요일이 정기
수업이니까 목요일 날 다 만나서 이야기는 조금 했던 것 같아요, 그
렇게 그냥 물 흐르듯이.

수인 엄마   의논할 사항 같은 거 있으면 자연스럽게 의논하고.

면담자   이번에는 '엄마랑함께하장' 이야기를 여쭙고 싶은데요.
'엄마장'을 계기로 집중적으로 만드시기도 하고, 또 만드신 것을 팔
아보시기도 하는 그런 경험이셨을 것 같아요. 일단 '엄마장'에 처음
참여하게 된 계기는 어떻게 되고, 누가 제안을 했습니까?

미지 아빠   '엄마하장' 참여하게 된 동기는 공방장, 그러니까 성빈
이 엄마가 그걸 주선했었죠, 처음에는? 거기에 "이런 거 우리가 널리
알려야 된다"고, "지역의 주민들한테 같이 동행하고 한다"고 그래서
"아빠공방도 참여하라"고 그러더라고요. 그래서 "그럼 일단 알았다.
그거 우리 참여하겠다" 그래서 이제 소품 만들고 물건 만들어서 이
제 판매도 하고 그러다가…. 이제 그것도 참 우여곡절이 많았었죠.
다 같이 모여서 이제 나와서 만들면 괜찮은데, 시간들이 안 되니까
는 그냥 바삐 일을 만들어가지고 너무 힘들었던 부분도 좀 있었

고…. 그러다 보니까 어떻게 진짜 두 번, 세 번까지 판매하다 보니까 그래도 '아, 이렇게 해서 넘어가는구나'라고 그냥, 진짜 안 목사님 말마따나 물 흐르듯이 넘어온 거 같아요.

그렇다고 해서 그 제품들이 정말로 뭐 수준이 높아서 판매된 건 아니라고 생각은 해요. 왜냐하면 오시는 분들이 우리가 '아빠공방'에서 만들었다니까 물건을 보는 게 아니라 그냥 마음적으로 사준 거 같아요, 그때는. 그래서 지금은 이제 협동조합이니까 그때와는 차원은 [달리] 돼야겠죠, 그때 만든 거하고 지금은 만든 거하고는. 우리가 이제 앞으로… 모르겠어요, 이거는 제 생각이에요. 10월 달에 엄마 하장을 하면 여기서 물건 만든 것만큼은 난 최고의 상품을 만들어서 나갈 생각이거든요. 그때는 진짜 마음으로 승부하는 게 아니라 상품으로서, 품질로서 진짜 승부를 봐야 할 때가 돼서 좋은 기회라고 생각은 해요, 그때가.

면담자   엄마들은 '엄마장' 할 때 제품 작업 같이 하셨어요?

동수 엄마   그러니까 처음에는 못 했고, 두 번째인가 세 번째인가는 했던 것 같아요.

미지 아빠   세 번인가? 두 번인가 하여튼 그때.

동수 엄마   저희가 이제 처음에 두 번째 때는 거의 판매를 했던 것 같아요, 저희가.

미지 아빠   응, 판매해 주시고.

동수 엄마   판매를 엄마들이 해줬고 세 번째는 저희가 한 것도 있었는데요. 그러니까 두 번째는 저희가 못 만들었고 판매만 했기 때문에 사실 상품에 대해 모르잖아요. 그때는 그냥, 그냥 진짜 상품 모르는 상태에서 판매했던 것 같아요. 그냥 조금 오버를 해서 막 이야기를 하고, 나도 잘 모르면서 이거 막 "좋은 나무"라고 하고 파는데, 마지막 작년에 판매를 할 때는 이제 저희가 좀 알았고. 이제 사 가신 분들이 대부분 그러더라고요. "아, 목공방 아빠들 그러니까 참 많이 성장했구나" 그 이야기 참 작년에 많이 들었거든요. 그러니까 '가능성이 있겠다' 싶기도 하고.

면담자　수인 어머님도 엄마장 3회 때는 판매될 물건을 만드는 데 참여를 하셨어요?

수인 엄마　우리 그때 미친 듯이 냄비 받침 만들었거든요. 한여름에 진짜 하루도 안 쉬고 나와서, 그 뙤약볕에서. 바라보는 시선들이 좀 그랬어요, '목공방 쟤네들 뭐 하는 거야?' 그래서 문 닫아놓고 땀 뻘뻘 흘리면서 먼지 다 뒤집어써 가면서. 근데 생각해 보면 너무 서툰 솜씨인데 생각보다 저희들로서는 좀 잘 나왔고. 그런데 다른 분들이 보실 때는 좀 어설픈 그런 작품이지만, 사람들이 예쁘게 보고, 이렇게 저희가 내놓은 거는 완판이 됐어요. 가격 면으로든지 좀 상대적으로 저렴하니까, 이렇게 오면은 제일 싼 거 고르게 되어 있잖아요. 그래서 이제 좀 고맙기도 하고 '좀 더 잘 만들어야 되겠구나', 이게 자꾸자꾸 다음에 만들 때는 조금씩 더 개선해 가면서 좀 더 신경 써가면서 만들게 된 것 같아요, 참여를 해보니까.

면담자　2016년이 2회 '엄마장'이었고, 2017년이 3회였어요.

사는 사람은 이게 필요해서 사 가는 건데, 물건을 파는 사람이 너무 고마워하신 건 아니에요?(웃음) 물건이 팔렸을 때 느낌이 어떠셨는지 말씀을 좀 듣고 싶어요.

수연 아빠   글쎄, 저는 그땐 '물건을 판다'는 생각보다도 이 [행사의] 취지가, 그 당시에 이제 '엄마하장' 시작하게 된 계기가 추모공원하고 관련이 있어요. 추모공원을 이제 화랑유원지에 추진을 하려고 보니까 지역 주민들의 반대가 이제 나오기 시작하고 그래서 "지역 주민들과의 소통이 필요하다", 지역 주민들과 소통을 하면서 우리 세월호도 좀 알리고 추모공원의 필요성도 알리는 차원에서 그 일환으로 이제 엄마하장도 추진하게 된 거였고. 그래서 주민들하고 소통도 하고 또 거기 엄마하장을 통해서 나오는 수익금을 가지고 기부도 하고…. 결국 이제 '지역 주민들하고 소통을 통해서 이제 세월호도 알리고 하는 그런 장소였기 때문에 이제 좋은 취지고 기회'라고 생각해서 우리도 적극적으로 참여하게 됐던 거고…. 참여해서 이제 뭘 만들까 고민하다가 기본적인 뭐, 그때 당시 크게 뭐 고난이도의 어떤 그런 제품보다도 이제 기본적인 것들, 탁자라든가 의자라든가 이런 것부터 시작을 했던 거죠. 그래서 그 당시에는 뭐 '고품질의 상품이 좋아 가지고 판매를 했다기보다도, 뜻이 있는 분들이 좀 구입을 해주셨다'고 이렇게 저희들은 생각을 했어요. 진짜 뭐 '상품 가치가 있어서 구매를 해주셨다기보다도 좋은 취지니까 구입을 해주셨다, 좋은 일을 하니까' 그런 마음이, 그게 아마 초기에는 시작이었던 것 같아요.

안홍택   목공방에서 가장 기념비적인 사업은 박인환 목사님 독서대죠, 정말 그거는…(웃음). 그게 몇 개였죠?

박인환   306개지 306개.

안홍택   정말 그거를 그 짧은 시간 안에, 그것도 원목으로. (책상을 쓸며) 그건 이런 집성목이 아니에요. 그게 만들어졌다는 거 자체도, 정말 굉장한 어떤 기념비적이었던 것이 아니었나 생각이 돼요. 그렇지 않아요?

박인환   목공방에 밴드쏘가 있기 때문에(웃음). 그거 없었으면 제가 시작을 못 했죠.

수연 아빠   독서대는 처음에 이제 '엄마하장'에 나온 건 아니고, 이제 독서대 306개를 만들어가지고 감리교 연합회[에서] (안홍택 : 처음에는) 그 광화문 앞에 전시를 했어요. 저도 그때 처음 봤었고 그때 예은이 엄마도 봤었는데, 처음 보자마자 진짜 눈물이 나오더라고요. 예은이 엄마는 그 자리에서 울고, 예은이 엄마는 그 자리에서 그냥 통곡하다시피 울고 저도 마음속으로 막, 막 감동의 눈물이 흘려지는 게 뭐냐면은, 이 독서대 하나하나가 아이들로 보이는 거예요. 독서대 하나하나가 다 틀리고[다르고] 개성이 있고 그 모양도 틀리고, 그거를 이렇게 아이들을 어루만지듯이 독서대를 이렇게 만들었다 생각을 하니까 그게 감동으로 오는 거예요.

안홍택   하나하나 이름 다 기억하셨다고요.

수연 아빠   그리고 거기에 하나하나 또 편지를, 다 하나씩 아이에

맞게 편지를 다 이렇게 쓰고 그래서, 그거는 뭐 독서대나 상품보다도 진짜 더욱 큰 의미와 가치가 있었던 것 같아요.

박인환　　　그러니까 이제 목공방이 있으니까 제가 만들기 시작한 거고, 목공방 없으면 그거 못 하죠. 이게 306개를 만들었는데 하나도 나무 산 거 없어요. 다 버려진 나무들, 그리고 또 목공방에 미지 아빠가 어디서 실어온 거 이런 거, 또 제가 저희 교회 거, 목공방이 있었기 때문에 그걸 4·16기억독서대를 할 수 있었던 것 같아요.

수연 아빠　　　그런데 이제 목사님의 배려도 보였던 것이 원래 304개였는데, 하나는 교감선생님까지 생각한 거죠?

박인환　　　응, 교감선생 못. 그 예은이 엄마가 그러더라고, "이왕 하시는 김에 교감선생님 것도 하면 어떠냐"고. "그러자"고 그러는데, "그러면 김관홍 잠수사 것까지 하지" 그래서 김관홍 거는 특별하게 책 두 권 올려놓는 걸로 했어요. 그래서 내가 그거는 박주민 의원한테 보냈지.

안홍택　　　아, 그랬어요?

박인환　　　네, 돈 안 받고. 다른 사람 거는 다 도네이션을[기부를] 받았어요. 그래서 제가 [목공소에 레이저] 각인기도 [구입]하고, 저기 가족협의회에도 1000만 원 갖다주고 하면서 다 썼죠(웃음).

수연 아빠　　　저는 그때 큰 배려심이라고 봤어요. 304명이 끝일 수 있었는데, 더 넓게 교감하고 또 김관홍 잠수사까지 이렇게 생각을 해서 만들어주셨다고 하는 것은 큰 어떤 배려심이 아니면 할 수가 없는 거죠.

박인환   이제 목공방 이야기니까, 그 이야기는…(웃음).

수연 아빠   그래서 그 뒤로 '엄마하장' 할 때도 이제 독서대를 내 놓기 시작한 거예요. 그런데 독서대가 제일 많이 나갔어요. (안홍택 : 제일 잘 나가요) 제일 먼저 나가요.

박인환   앞으로 내 생각에, 아이고, 오늘 내가 샘플을 가지고 올걸. [책상을 쓸며] 여기 이런 걸로 하는 게 아니고, 이런 거는 뭐 만 5000, 만 2000원이면 인터넷으로 사거든요? 그런데 이제 원목으로 잘라서 하면 뭐 흠난 거, 짜개진 거 이거 다 꿰매가지고 이걸 4·16 희망목공방의 아주 중요한 아이템 중에 하나로 해도 될 것 같아요.

수연 아빠   글쎄요, 네.

박인환   비싸게.

수연 아빠   이제는 제값 받아야죠(웃음). 그때는 거의 뭐 '활동하시는 분들, 관심 있는 분들한테 그냥 이렇게 드린다' 생각하고 그렇게 한 거고.

면담자   그게 처음 시작이 언제쯤이었어요?

박인환   아, 제가 그러니까… 특조위가 깻빡친 게 2016년인가 그렇죠? 2016년 6월 달에 특조위 강제해산을 하면서 '야, 이거 이렇게까지 악랄하게 지우려고 그러는구나'. 그래서 나는 '저기 [목감에 있는] 물왕저수지 호수가 더러워도 한 바가지 퍼내면 그만큼 비가 오면 좀 덜 더러워진다' 그런 심정으로 사는데, '한 사람이라도 더 기억하고 잊지 않게 해야겠다' 그래서 그날로 제가 결심을 했어요. 집에 좀 나무가 있어서 독서대를 304개를 만들어서. 처음에는 250명을 하려고 했죠, 단원고 학생들 거. 그랬더니 옆에서 그래요. "다 해야지. 욕먹는다"(웃음). 그래서 그거를 이제 시작을 했어요. 그래서 그걸 10개월 동안, 그러니까 4주기 때 전시할 생각으로 10개월간, 설교 준비하고 교회 기본적으로 내가 해야 되는 거 외에는 놀러도 안 갔어요. 제가 노는 거 참 좋아하는데, 놀러도 안 가고 10개월 동안 그것만 만든 거야, 혼자서.

그런데 한 200개까지 만드는데, 아니 이젠 4주기가 다가오는데 나머지 한 100개 정도 이게 힘든 거라. 그래 가지고 지방 목사들 몇 명 불렀죠. 불러서 "사포질만 해달라", 그래서 재단이나 이런 건, 뭐 나무 켜는 건 민정이 아빠나 여기 미지 아빠가 좀 많이 도와줬고. 어쨌든 또 최종 마무리는 제가 다 했고 그랬는데, 이게 세월호 『약전』 [『416 단원고 약전』]이 있더라고요. 그래서 세월호 『약전』을 10권을 갖다가 다 그걸 요약을 했어. 그리고 내가 개인적으로 아는 애들은 내가 편지를 쓰고, 내가 모르는 애들은 『약전』을 요약하는데 3권까지는 내가 썼어요, 3권까지는. 그런데 어휴, 이 3권을 쓰다 보니까 이름이 김소연, 아버지랑 살다가 그렇게 됐는데, "걔 유품을 정리하다 보니까 박스에 노인 요양원, 노인 무슨 보험 이런 자료들이 잔뜩 나왔더라"는 거야, 이 딸애가. 아휴, 그걸 보고는 못 썼어요. 이거 [너무 슬퍼서] 도저히 못 쓰겠더라고.

그러고는 또 만만한 후배 목사들 일곱 명 불러들였지. 한 권씩 다 나눠줬어요, "너희들이 써라". 그래서 『약전』 10권 다 하고, 선생님들까지 다 쓰고, 그리고 나머지 어른들, 일반인분들은 잘 모르잖아요. 일반 희생자는 그냥 이름만 썼죠. 그렇게 해서 노란 딱지에다가 이렇게 딱 했는데, 그것을 이렇게 가져간 사람들을 제가 가끔 보면 그거를 이렇게 그 자기네 귀한 물품들 정리하는, 좋은 그릇들 정리하는 그런 데 딱 모셔놓고 [있더라고]. "아니 놓고 책 보라고 하는 건데 왜 여기다 놓냐?", "아니, 이건 못 쓰겠다"고 그 편지째로 그대로들 놓고 쓰는 사람들이 많더라고. 그리고 또 많은 교회들이, 교회 목사들은 성경책 올려놓는 [받침]대가 있잖아요? 그걸로 써요. 그래서 아휴, 뭐 그래도 어쨌든 '조금은 기억을 위해서 내가 도움이 됐구나' 그런 생각은 들죠.

면담자   혹시 다른 분들은 독서대 이야기처럼 작업했던 것이나 판매 과정에서 특별히 기억에 남는 것들이 좀 있으세요?

수인 엄마   우리가 은평구 혁신파크에서 아마 전시를 했어요. 물론 이제 판매도 조금 했었는데, 그때 저희가 휴지 케이스를 만들어 갔는데 그 휴지 케이스에 캘리[그래피]로 글씨도 써놓고 압화, 꽃 누르미로 해가지고 에폭시로 딱 해서. 그게 완성되진 않았는데 '이런 제품도 있다' 하고 이제 전시를 하려고 가져갔는데, 거기 우체국에서 근무하시는 분이 굳이 "그거 달라"고 했어요. 그냥 "괜찮다"고, "이거 팔았으면 좋겠다"고 그래서 그냥 드렸어요. 그냥 드렸더니 자기한테 있던 샴푸 선물 그거를 주시면서 "너무 예쁘게 잘 쓰겠다"고 "이게 너무 마음에 들어가지고 흔쾌히 주셔서 너무 감사하다"고 그러는데, 그거를 보고 '아, 우리가 그렇게 하면 참 좋겠다' 그랬는데,

판매는 못 하고 그 뒤로 한 번 더 만들어서 이제 필요한 데에 몇 번 더 가져갔어요. 그게 그렇게 해놓으니까 예쁘더라고요.

박인환   잘 만들었어요.

수인 엄마   아, 그래요?

동수 엄마   엄마들은 아빠들이 만들어놓으면 거기에 아트를 그런 식으로.

박인환   아, 진짜 멋있었어요.

수인 엄마   그래서 이번 엄마하장에 혹시 시간이 되면은 이렇게 몇 개라도 한번 해서 이렇게 반응을 본다는 게, 사람들 많이 있을 때 보면은 어느 정도 알 수가 있잖아요? 그래서 '몇 개라도 해서 내놔볼까?' 저희들끼리만 이제 이야기를 하고 있는데, 한번 그 기분 좋은 그런 경험이 있었기 때문에 좀 긍정적으로 생각하고 있어요.

동수 엄마   저희 엄마들은 압화도 배웠고요, 캘리도 배웠고 그리고 또 냅킨[아트]도 배웠고 이러다 보니까 접목을 할 수 있더라고요, 나무에. 그러니까 그런 공법들을 접목을 해서 하니까 훨씬 더 고급, 그러니까 더 작품이 나오니까 거기에 더 재밌었던 것 같아요.

면담자   엄마공방하고 목공소에서 배운 것을 접목하셨다니까 더 대단한 이야기네요. 수연 아버님은 어떤 기억이 있으세요?

수연 아빠   저는 최근에 이제, 이것도 또 박인환 목사님이 추진하셔서 미국을 갔다 온 거였죠. 그 브루더[호프]공동체에 가서 그 공동체 안에 생활을 하면서 목공 체험도 하고 그분들의 생활도 같이 이렇게 접해보고. 브루더호프 공동체가 이제 원래 영국이 많이 거기서 활성화가 돼가지고 미국까지 진출하고 세계적으로 나가는 추세인데, 그거는 인제 하나의 종파죠. 브루더호프 공동체는 기독교 종파인데, 거기서는 모든 것을 다 내려놓고 이 사유재산은 전혀 없고 공동체에서 운영하면서 이제 목공을 하나의 그… (박인환 : 업) 사업, 업으로 해가지고 거기서 나오는 수익으로 이제 [운영하는 건데, 거의 "미국의 25프로 시장을 점령한다"고 할 정도로, 70년 역사거든요.

그래서 이제 거기서 그분들의 그야말로 그냥 영혼이 맑고 깨끗하신 분들이에요. 굉장히 충격적인 어떤 그런 체험을 했고. 또 그거하고 연계해 가지고 보스턴, 뉴욕 그다음에 필라델피아, 워싱턴을 다니면서도 '세사모'[세월호를 잊지 않는 사람들의 모임'의 줄임말로 전세계 교민들을 중심으로 국가별, 도시별로 모인 단체] 분들하고 만나서 간담회를 하고, 그분들하고 힘을 얻고 한 그 경험이 기억에 많이 남죠.

박인환   아니, 목공 판매 기억 이야기를 하라니까 무슨 이야기를 하는 거야?(웃음)

면담자   거기에는 누가 가셨어요?

구술자 모두   (동시에) 다 갔습니다.

수연 아빠   아홉 명이 다 갔어요. 거기서 판매도 했죠. 거기서 간담회 하면서 우리가 가지고 간 촛대하고 우드 팬 가지고 가가지고 이제 진열을 해가지고 판매도 많이 해서 수익도 거기서 좀 올렸죠.

면담자　　　　브루더호프 공동체에 가셨을 때 동수 어머님은 어떠셨어요?

동수 엄마　　그러니까 저는 얼떨결에 따라갔다가 참 많은 걸 보고 온 것 같아요. 그러니까 미국에 대한 안 좋은 감정들, 안 좋은 모습도 조금 다르게 볼 수 있는 기회가 됐고. '아, 우리 같은 사람이, 똑같은 사람들이 있구나' 보고 왔고. 그리고 또 거기 계시는 한인분들이 엄청 많이 고생하면서도 또 세월호 저희 엄마들, 아빠들보다 더 열심히 활동하시는 모습 보면서, 다시 제가 그러니까 '더 엄마, 아빠가 돼야 되겠구나' 그런 것도 본 거 같고요.

면담자　　　　수인 어머님은 어떠셨어요?

수인 엄마　　저도 비슷하게 느끼고 온 거 같아요. 우리가 좀 많이 지치고 좀 초심을 좀 잊어먹어 간달까? 그런 부분들이, 왜냐하면 너무 치이다 보니까. 그런데 거기 가서 보니까 '부모가 지치면 안 되겠구나. 저 사람들은 진짜 비가 오나 눈이 오나 하루도 쉬지 않고 나가서 피켓 드는 분들도 계시고 그러는데, 부모라는 이름은 지치면 안 되겠구나, 포기하면 안 되겠구나' 그런 것들을 더 많이 느끼고 왔죠.

박인환　　　　보스턴에 한인 목사님 한 분이 그 홈리스 사역을 매주 화요일 날 하는데 그걸 끝나면 그 하버드스퀘어라고 하버드 대학 정문에 그 버스 스톱[버스정류장] 앞에서 1인 시위를 4년간 한 주도 빠짐없이 한 거예요. 그리고 또 이금주 씨라고 세사모 회장 이분은 또 다른 데서 혼자서 이렇게 4년간 해왔는데, 우리가 가서 이제 거기서 만났는데, 거기서 처음 서로 봤는데 "우리가 온 다음에 두 사람이 같은 곳에서 하면서 사람들이 많이 모이게 됐다"는 거예요, 거기. 그 이야기 하시는 거예요. 그래서 제가 놀랬습니다, '아휴, 어떻게 4년을 한 주도 빠짐없이 미국 한복판에서 그걸 하나'. 그걸 이야기하시는 거예요.

면담자   미국에서 그들의 공동체 삶을 보면서 '우리는 공동체를 어떻게 꾸려가야겠다' 뭐 그런 상을 그리시지는 않으셨습니까?

수연 아빠   음, 글쎄요. 이제 협동조합도 하나의 공동체니까 이를 통해서 계속 엄마, 아빠들이 유대 관계를 계속 지속해 나가면서, 물론 뭐 물건 판매해서 수익도 올리는 것도 올리는 거지만, 우리가 이제 궁극적인 목적이 결국 이제 진상 규명이지 않습니까? 진상 규명을 통해서, 진상 규명으로 끝나는 것이 아니라 우리의 아이들의 희생이 좀 더 새로운 가치로 승화되고 부활돼서, 이 사회가 세월호 참사를 통해서 새롭게 변화되는 것이 저희들이, 저 개인적으로도 그렇고 아마 우리 엄마, 아빠들 많은 생각일 텐데, 그 계기로 삼는 것이 저희들의 그래도 하나의 소망이거든요, 이게. 그것이 또 우리 아이들에게 명예가 좀 이렇게, 그래도 그나마 좀 [사회가] 새롭게 변화돼서 희생이 헛되지 않은 게 되니까. 이 공동체에서 이제 어떤 계속 활동을 하는 그런 뭐랄까, 원동력으로 될 수 있는 그런 협동조합이 되는 바람이죠. 물건도 팔아가지고 생계유지에도 도움이 되겠지만, 좀 장기적으로 계속적으로 그런 활동을 하는 그런 공동체가 됐으면 하는 바람이죠.

안홍택   브루더호프 봤을 때, 참 그분들은 이 공동체의 그 전체적인 구성원들이 한마음이에요. 구체적으로 무슨 결의하자 하는 것도 아니고, 어느 한쪽에서 무엇을 하자고 하는 마음이 촉발이 되면 그것이 마음과 마음으로 연결돼서 결과물이 나와요. 이번에도 이제 가족들 갔을 때, 두 번째 날이었죠? [그 사람들은] 우리들이 세월호 가족들이라는 것에 대한 인식이 없었어요. 그냥 우리가 왔는데, '아 누가 왔구나'. 그런데 이제 우리가 각 가정으로 흩어져 살면서 이분들이 어떤 사람들인가 알게 됐죠. 그러면서 그쪽의 공동체에서 움직이기 시작한 게, 그렇다면 이분들의 '어떤 그 내용을 좀 같이 공유해야 되겠다'는 마음들이 돌기 시작하더라고요.

그러면서 두 번째 날 저녁이었죠? (수인 엄마 : 네) 이 가족들을 위한 특별한 모임을 갖더라고요. 그래 가지고 사진도 해서 만들어놓고 하는데, 그 집행 과정이 뭐 회의하고 그런 게 아니야. 그냥 되더라고요, 한마음이. 그러면서 그때 우리도 우리 협동조합이 만들어진다면 어떤 의견을 내고 조율을 할 때 합의하는, 다수결보다도 합의하는 부분으로 간다면 한마음 된다는 거, 그거가 큰 결실이었던 거 같아요, 저는. '아, 저렇게 합의되는구나', 그 마음에서 나오는 거죠. 우리가 그걸 다 봤어요. 다 같이 가서 그걸 다 같이 봤다는 거 자체는 그것도 우리한테는 꽤 선물이었던 거 같아요. 한 사람이라도 못 갔으면은 그 의미를 모를 텐데. 우리 협동조합도 그렇게….

박인환   [그분들이] "세월호 아이들 이야기를 좀 들려줄 수 있냐?"고 물어보더라고요. 그래서 "오케이" 그랬더니 "혹시 사진을 보여줄 수 있냐?", "물론 보여줄 수 있다" 그래서 "아이들 이야기를 그러면 좀 저녁에 들려다오" 해서 이렇게 했는데, 참 대단한 사람들이죠. 그래서 저는 브루더호프 공동체와 관련해서 생각했던 것은 그 사람들은 철저하게 그 공동 생산? 그러니까 공동 분배가 아니고 필요에 따라서.

안홍택   맞아, 필요에 따라서.

박인환   공산주의는 공산주의인데, 공동 분배가 아니고 필요에 따라서 필요하면 주는 거예요, 그리고 검소하고. 공동체 자체는 엄청난 부자입니다. [생산하는] 물건이 엄청 비싸거든요. 그런데 아주… 이렇게 안에 집이 이렇게 타운 하우스처럼 돼서 각 가정을 이루고 살지만 하나의 공동체거든요. 근데… 이 세월호 가족들 가운데 "공동생활을 꿈꾸고 있는 사람들도 있다"고 그래요. 그래서 제가 부르더호프 같이 가면서 '그게 얼마나 힘든 걸 보여주마', 그게 쉽지 않은 거예요. 그래서 그런 브루더호프와 같은 그런 공동체는 제가 볼 때는 쉽지 않고, [우리는] 느슨한 공동체. 각자 삶은 영유하되 여기서 우리가 업으로 이렇게 하려고 하는 거잖아요. 여기서 좀 이렇게 우리 안 목사님 말씀처럼 그렇게 '서로 마음이 통하고, 서로 초대교회처럼 네 것 내 것 따지지 않고 서로 이렇게 필요에 따라서 하는 그런 느슨한 공동체의 가능성은 얼마든지 가능하다'고 이렇게 생각하고, 그렇게 좀 발전하면 어떨까 하는 게 저 혼자 가지고 있는 마음입니다.

면담자   네, 감사합니다. 그러면 잠시 휴식 후 재개하도록 하겠습니다.

(잠시 중지)

6
협동조합 전환의 의미와 과제

면담자　　네, 이제 협동조합 이야기를 구체적으로 해보고 싶은 데요. 유가족 활동 중에서 협동조합에 대한 구상을 하고 실행한 것은 목공방이 처음이거든요. (미지 아빠 : 네) 혹시 누가 제일 처음 제안을 하셨습니까?

미지 아빠　　처음에 제안은 이제 목사님들이 시작할 때서부터 "협동조합 내지는 사회적기업으로 가지 않겠느냐?" 이렇게 시작을 하면서 했거든요. 어떻게 이제 하다가 쭉 넘어가서 2년째 흘러서 '엄마공방'하고 '아빠공방'하고 회의를 했었어요. 우리는 협동조합이나 사회적기업으로 가는 걸로 분명히 밝히고서 이야기를 했는데, 엄마들이 "안 된다, 같이 가야 된다" 그래서 "그럼 좋다. 올해는 그럼 같이 가자"라고 해놓고서 이제 '엄마공방'이랑 '아빠공방'이랑 합의를 봤었어요. 근데 합동영결식 하고 나서 이제 공방이 [분향소 자리에서] 이제 헤어져야 되잖아요. 그래서 다시 또 회의를 하는데, 그땐 제가 회의를 못 가고 시찬이 아빠가 갔었거든요. 그래서 내가 시찬이 아빠한테 우리는 "협동조합이든지 사회적기업으로 가는 걸로 분명히 이야기를 하라"고 하고 이제 시찬이 아빠가 회의를 들어갔는데 그때도 상당한 토론이 오고 갔었나 봐요, 깊은 내막은 좀 자세하게는 모르겠지만.

　　이제 아빠들은 그래서 "협동조합으로 가겠다"라고 이제 선언을 하고서 나왔는데, [가협] 위원장이 아마 다짐을 받았나 봐요. 엄마들도 "협동조합을 하든지 사회적기업을 한다"고 했었다가 아빠들이 "나간다"고 그러니까 "엄마들도 한다"고 그랬으면서도 누구 하나 나서는 사람이 없었나 봐요, 엄마들 쪽에서는. 그래서 이제 위원장이 다짐을 받고서 "엄마들 할 거냐, 안 할 거냐" 뭐 그런 말까지 해서 엄마들은 "그럼 안 한다", "그러면 아빠들은 어떻게 할 거냐?" 아빠들은 "한다" 그래서 갈라졌거든요. 그래서 이제 갈라져서 협동조합 하기로 해서 우리는 이쪽으로 왔고, 엄마들은 같이 가족협의회 사무실로 같이 따라간 거죠. 그래서 시작된 거죠.

면담자　　　엄마들 생각은 어떠세요? 협동조합 하는 게 왜 필요하다고 보고 왜 좋다고 생각하셨어요? 먼저 수인 어머님부터 말씀해 주시겠어요?

수인 엄마　　이게 일단 협동조합을 한다는 거는, 이게 직업으로 하는 거잖아요. 그런데 솔직히 아빠들도 그렇지만 이게 '직장으로 다시 되돌아가서 적응하고 견디고 하는 게 굉장히 어려울 거'라고 생각을 해요. 그래서 그나마 해왔던 일로 해서 직업도 삼고, 또 이 목공을 함으로써 좀 힐링도 많이 했고. 그래서 그런 쪽으로 간다면 우리도 똑같은 입장이기 때문에 '함께해도 괜찮지 않을까', 그게 미래에 대해서 막 청사진이 쫙 펼쳐지고 확신이 있고 그런 거는 아니지만, 그래도 처음부터 시작해서 같이 가다 보면 얻어진 결과는 다 같이 공동 책임지면 되는 거니까, 그래서 지금 이 자리에 앉아서 하고 있어요.

면담자　　　네, 동수 어머님은요?

동수 엄마　　저는… 막연했던 것 같아요. 그러니까 지금도 사실 모르겠어요. 제가 여기서 왜 하고 있는지 모르겠고, 그냥 제가 목공을 계속하고 있었고, 제가 하면서 만드는 것도 좋아하다 보니까 힘도 받았고, 그리고 또 이제 아빠들이 협동조합, 사회적기업 한다니까 '그럼 같이 도움의 손길 주자' 싶어서 사실 저는 시작했거든요. 제가 무슨 여기서 뭐 이익 창출하고 뭐 직업 삼고, 사실 그런 개념은 저는 아니었어요. 그냥 나와서 저도 힘도 받고, 일도 그러니까 도움도 좀 주고 그러면서, 저도 그게 뭔가 하고 좀 가볍게 시작했던 것 같아요. 조금 미안하긴 한데, 아버지들한테.

면담자   네. 아까 안 목사님 말씀 중에 "협동조합에서 물건을 판매하기 시작하면 프로의 세계로 들어가는 것"이라고 말씀하셨어요. 협동조합을 추진하시면서 그런 부담이자 희망에 대한 생각의 변화가 있을 것 같아요. 수연 아버님은 어떠세요?

수연 아빠   저희들이 참사 겪고 나서 일상으로 돌아가기 사실 어려운 게 현실이거든요. 직장도 뭐 손에 일이 잡히지 않으니까 도저히 뭐 다닐 수 없어 가지고 그만두고, 또 뭐 가족 있는 직장에 다니는 사람들도 제대로 거기에 적응이 안 되고…. 특히 일단 교감이 안 되니까, 과거에 지냈던 동료들이나 뭐 친구들이나 해도 공감이 안 되니까…. 그래도 그나마 서로 공감하고 마음 편하게 이렇게 대화할 수 있는 사람들은 사실 어쩔 수 없이 유가족들이 될 수밖에 없거든요. 아이 희생으로 인해서 만나는 사람들이지만은 바로 공감이 되기 때문에 마음이 편하거든요, 어쩔 수 없이. 그래서 '이 사람들하고 그래도 같이하는 것이 어떨까?' 막연하게 생각했었던 건데, "목공방이라는 뭐랄까, 어떤 단체를 통해서 그 방법을 찾을 수 있지 않겠나"
하는 그런 제안도 받고 그래서 그런 목적을 가지고 사실 시작을 했
었죠, 목공방을. '기술을 어느 정도 연마를 해가지고 가능하면 사회
적기업이나 협동조합까지 갈 수 있지 않겠느냐. 그런 방향으로 그럼
가자', 아빠…, 엄마들은 뭐 구체적으로 중간에 이야기는 했지만, 아
빠들은 그런 생각을 사실은 했어요, 시작을.

동수 엄마　　엄마들은 그런 생각도 못 했어요.

수연 아빠　　요원한 이야기지만, 뭐 꼭 그렇게 된다고 볼 순 없겠
지만 '그래도 그런 목표를 가지고 하자. 그런 목표를 가지고 기술도
배우고 또 활동도 하자'. 그러고 제일 중요한 거는 같이한다는 거죠,
같이. 아까도 말씀드렸지만 유가족들이, 같은 마음을 가지고 있는
유가족들이 뭔가 같이할 수 있다는 것, 그래서 뭐 이윤 창출도 중요
하지만 그래도 같이 활동하면서, 우리가 진상 규명이 하루아침에 되
는 게 아니지 않습니까? 오랫동안, 우리 생에 될지 안 될지도 모르는
상황이고 언제까지 될지도 모르는 상황이기 때문에 꾸준히, 그러니
까 '끝까지 가야 될 상황이기 때문에 이런 공동체는 필요하다'고 그
렇게 생각하거든요.

그래서 우리 목공방뿐만 아니라 저는 엄마들도 나름대로, 우리
가 시작이지만 제2의, 제3의 협동조합이 만들어져 가지고 진짜 그야
말로 '4·16가족의 공동체, 전체 공동체가 있어야 되지 않겠나' [싶어
요]. '어차피 일상으로 돌아가지도 못하고 과거로 돌아가지도 못할
바에는 앞으로 가기 위해서는 공동체적인 기반이 있어야 하지 않겠

나. 그래서 그게 에너지가 되고 원동력이 돼서 진상 규명 활동하는데 힘이 되는 거지, 만약에 그런 것들이 없다고 그러면 한계가 있지 않겠나' 그런 생각을 했거든요. 그래서 '이거는 반드시 어렵더래도 필요하다' 그런 측면에서 조금 나름 비중을 많이 뒀어요, 수익을 떠나서.

면담자 　　목사님, '유가족들이 협동조합이나 공동체 운동을 하더라도 유가족들과 유가족이 아닌 사람들이 섞여서 하는 것이 좋다'는 입장도 있을 수 있지 않습니까? 그런데 지금 아버님 말씀에서 또 하나의 핵심은 '과거의 일상으로 돌아가는 것이 아니라 유가족들만의 공감을 토대로 해서 유가족 공동체를 만들어가고, 그 유가족 공동체의 활동을 통해서 세상과 만나가는 길을 택한다'고 큰 틀에서 이해가 돼요. 그런데 이 길이 혹시 고립되어 가는 과정 아닌가 하는 비판이 있을 수 있을 것 같은데요. 협동조합을 구상하신 목사님 입장에서는 어떻게 생각하시는지 여쭙고 싶습니다.

안홍택 　　그런데 협동조합은 어차피 열려 있고요, 오픈되어 있고. 근데 지금은 창립 초기니까 자본이나 여러 가지 조건상 아직은 뭐 이것을 개방해서 확 오픈시키기 어렵고, 최소한의 시스템이 돌아가기 시작한다면 다들 오픈시킨다고 해도 나쁘지 않죠. 유가족 아닌 분이 벌써 들어온 분도 있어요. 협동조합 출자하겠다고 들어온 분이 있어요. 오픈되어 있으니까요. 다만 아직은 좀 우리가 좀 시스템이 돌아가야 [하는 단계고요].

면담자 　　협동조합하고 딱 직결되는 이야기는 아닙니다만 협동조합의 미래상을 그려가는 데 필요할 것 같아서 여쭙고 싶은데요. 일반 시민들과 유가족이 함께 공감하고 갈 수 있는 길이 뭐라고 보세요?

미지 아빠   제 생각은 뭐 크게 특별하게 가진 건 없고, '양보'라고 생각을 하고 있어요, '서로 간의 양보만 있다면은 서로 같이하지 않을까?'라는 생각은 하고 있는데. 예를 들어보자면은 우리가 일반 사람하고 대화를 할 때 보면은 나도 모르게 일반인하고 대화를 할 때는 속에 있는 말을 감춰요. 내놓고 싶은 마음이 없어. 왜? '내 속에 있는 말을 해도 그들이 알아줄까? 저들이 아파할까?' 이런 것 때문에. 그게 내가 먼저 오픈을 하면 괜찮은데, '내가 감추고 있으니까 그쪽에서도 그렇게 느껴지지 않나?' 생각을 했었어요. 예를 들어서 내가 현장에서 같이 일을 했었는데 처음에는 속에 있는 말을 안 했어요. 그러니까 그쪽에서도 내 눈치를 보지. 같이 공동체 안에서 일을 하는데 왜 말을 안 할까, 얼마나 힘들어할까 이런 거를 좀 알면서도 이야기를 안 하고 그래서 내가 이야기를 조금씩 비치니까, 그쪽에서도 '아, 그렇구나' 이렇게 이해를 많이 해주더라고요. 그래서 내가 보기에는 '조금만 양보를 하면은 같이 가지 않을까'라는 생각은 해요.

면담자   동수 어머님은 어떠셨어요? 사실 목공 활동뿐만 아니라 연극을 통해서도 굉장히 많은 분들을 만나오셨는데요.

동수 엄마   그건 있는 거 같더라고요. 그러니까 저희 유가족을 만났을 때랑, 그러니까 외부 이렇게 지칭을 하면, 그러니까 똑같은 주제로 언니랑은 저랑 좀 트러블이 있고 했어도 그다음 날 아예 그러니까 편하게 그 이야기를 하면서 다시 풀 수 있고 다시 좋은 사이가 될 수 있는데, [외부와는] 안 돼요. 그게 아직은 안 돼요. 그러니까 바깥 사람들하고는 이야기를 하다가 다치게 되면 회복 단계가 엄청 힘들더라고요. 그러니까 아직은 그게 좀 힘들고요. 근데 저는 '이제 차근차근해야 된다'고 생각하거든. 저희가 엄밀히 따지면은 유가족끼리는 유대가 있었는데, 생존 학생 부모님들하고는 유대 관계가 없었어요. 그거 깨는 데도 사실 저 몇 년, 3년 넘게 걸렸거든요. 물론 이제 그러니까 그분과 같이 활동을 하면서 깨진 건데, 같이하면서 그분이랑 편해지니까 생존 학생 애들을 보게 되더라고요. 그러다 보면 나중에는 그런 관계가 계속 지속하다 보면 일반인들하고도 음… 좋은 날이 있겠죠. 그런데 참 힘들더라고, 그런 관계들이 아직은.

면담자   수인 어머님께는 꿈 비슷한 걸 한번 여쭤보고 싶은데요. 이 목공소와 협동조합이라는 공간이나 목공이라는 기술을 통해서 어떤 걸 해보고 싶다는 꿈을 갖고 계시는지요?

수인 엄마   협동조합 포함해서… 우리가 지금은 컨테이너를 놓고 하지만 번듯한 건물을 올리고 좀 쾌적하게, 작업장도 지금 너무 덥잖아요. 그런 부분도 많이 개선이 되고 정말 협동조합을 떠나서 회사다운 회사로 좀 자리매김하면 좋지 않을까. 나이 들어서 정말로 저희가 이건 '정년이 없이 자기가 일하고 싶은 만큼 끝까지 일할 수 있는, 그 안에서라도 좀 자유를 누릴 수 있는 그런 환경이 됐으면 좋겠다'는 그런 생각은 가끔 해요.

동수 엄마   저는 조금 틀려요[달라요].

수인 엄마   미안해.

동수 엄마   아니, 연극단도 그렇고 저희 목공방도 그렇고, 너무 잘돼서 보란 듯이 가족협의회에 후원해 줬으면 좋겠어요. 그러니까 '그럴 단계까지 올라갔으면 좋겠다'는 꿈이 있어요.

수인 엄마   껌이지, 그런 거야. 자동으로 되는 거야.

동수 엄마   아니 대놓고 '우리 이렇게 하고 있습니다' [하고]. 그러니까 어떻게 보면 보상 심리잖아요. 저희가 사실은 연극할 때도 힘들게 했고요. 조금… 이제 우리가 아직 그러는 게 있으니까, 다른 거 하고 있으면 '음, 너희 이런 거 해? 우린 이렇게 일하고, 이렇게 진실 규명하고 있는데 너희는 연극을 해? 합창을 해? 너네 목공방을 해?' 그런 상처가 사실 많았거든요. 그래서 더 오히려 보란 듯이 진짜 보란 듯이 그렇게 갔으면 좋겠어요. 그게 제 첫 번째 꿈이니까….

수인 엄마   원래 가장 가까운 사람이 하는 말이 훨씬 더 큰 상처가 되잖아요. 막연히 이해를 바라는 것은 아니지만 그래도 같은 유가족이니까 다른 방법으로 아이들에 대한 어떤 진실 규명을 위한 활동을 하고 있는 건데, 그거에 대해서 좀 안 좋게 보는 시선이랄까? 그걸 또 굳이 콕 집어서 말로 표현해서 "못 알아들어? 이런 거라고" 이렇게 친절히 또 알려주기까지 하니까, 그런 게 상처가 좀 많이 되더라고요. 〈비공개〉

면담자   함의가 많은 말씀을 지금 하신 건데, 그런 비판이나

요구가 아프기는 하지만 그래도 이유가 있다는 것도 우리가 알고는 있잖아요.

동수 엄마 　네, 이해하니까 버텼죠. 이해를 하니까, 그 마음들을 아니까.

면담자 　동수 어머님 말씀은 가협 집행부를 중심으로 해서 진상 규명과 관련된 직접적인 일들을 하고 계신데, 그 일들에 거꾸로 도움이 되는 그런 협동조합을 하고 싶다는 (동수 엄마 : 그렇죠) 그런 말로 저희가 이해를 할게요. 우리 협동조합 이사장님께서는 지금 나온 주제와 관련해서 어떻게 생각하고 계십니까?

미지 아빠 　(한숨을 쉬며) 뭐 '장'으로서 생각이 아니라 '원'으로서 생각을 하는 거죠, 조합원으로서 생각을 하면, 우리가 또 이렇게 시작이 됐으면은 진짜 "시작은 미약했으나 나중은 창대하리라" 이런 『성경』 말씀도 있지만, 우리가 '그 목표를 두고서 하면은 난 된다'고 분명히 확신을 하거든요. 왜냐하면 저희가 이제 참사로 인해서 각기 다 알려졌잖아요. 그게 '우리는 이미 홍보가 되어 있다'고 저는 생각을 해요. 그래서 우리가 이제 여기서 물건을 얼마만큼 잘 만드느냐에 따라서 틀려지겠지만은[달라지겠지만] 우리가 잘되면 가협도 있고 우리 주위의 이웃 사람도, 우리가 많이 받았잖아, 받은 만큼 되돌려 줘야지. 저의 목표는 그거예요. 제 개인적인 목표는 그건데, 이제 그게 실현에 옮겨질 때까지 열심히 해야 되는데…. 저만의 생각을 가지고서는 안 되겠죠. '우리 조합원들이 다 같은 마음으로 한마음이 된다면 저는 우리 협동조합이 분명하게 잘되리라'고 생각은 해요.

그래서 우리가 진짜 정말로 이웃도 생각하고, 가족들 전부 다 함께 더불어 살아가는 협동조합을 만들려고 하거든요. 그렇게 해서 좀 열심히 해야겠죠.

면담자   수연 아버님, 제 생각에는 만드시기는 잘 기획해서 이렇게 협업도 하시고 (미지 아빠 : 그럼요) 이러면 잘 만드실 거 같은데, 파는 건 어떻게 하실 생각이세요?

수연 아빠   글쎄 일단은 지금 저희들이 물건을 만드는 것도 사실 좀 급한 상황에서 판로까지 이렇게 딱 방향 설정하고 정해지고 그런 것은 없습니다. 어떻게 보면 지금 목사님들한테 기대는 수준밖에 안 되거든요. 그래서 지금 물건 만드는 것도 거의 기독교 쪽으로 나가는 물품들이에요, 현재는. 그쪽으로 그래도 나가니까 판매가 좀 이루어지니까, 뭐 십자가니 이런 쪽으로. 이제 앞으로는 이 목공방만의 브랜드를 만들어야 되겠죠. 뭐 하나라도 이제 고품질의 상품을 만들어야죠. 그래서 자신 있게, 그냥 무슨 뭐 4·16 세월호 관련된 사람들이 만들었다고 그래서 무슨 그런 관심으로 또는 연민의 정이나 도와준다는 식으로 이렇게 구입해 주는 게 아니라, 진짜 상품 가치가 있어서 가치를 보고 이렇게 비용 아깝지 않게 구입할 수 있도록 업그레이드시켜야 되고. 또 우리만의 브랜드 상품을 만들어야 되고요. 그런 목표 의식을 가지고 일단 하는 게 중요하고 그런 궤도까지 오를 수 있도록 팀원들이 또 노력을 해야 될 것이고, 그래서 뭐 품질 쪽으로 일단 '우리 4·16희망목공방에서 만드는 것에 대해서는 보증할 수 있다', 이것이 일단은 우리의 1차적인 목적이 될 것 같고, 품질을 향상시킨다는 것.

그렇게 품질이 향상이 돼서 판매가 이루어지면 이제는 외부를 돌아봐야 되겠죠, 시선을. 우리만 이렇게 묶여 있을 게 아니라 이제 시선을 돌아보고 이제 외부에서도 이렇게 같이할 수 있는, 우리 가족들뿐만 아니라 일반인들도 같이할 수 있는 방법도 찾아보고. 또 외부에서 뭐 이렇게 우리가 [도움을] 받았으니까 그만큼 이렇게 돌려줄 수 있는 그런 기회가 어딘가 좀 찾아볼 수 있고. 말하자면 교육사업이죠. 지금은 협동조합이 교육사업은 아니고 영리 쪽인데, 나중에 이제 더 나아가서…. 저는 그래요, 협동조합으로 끝나는 게 아니라 사회적기업으로까지 확대해 가지고, 사회적기업은 비영리사업으로써 공익사업을 같이 해야 되거든요.

그러면 이제 외부에 공익적인 차원에서 우리가 할 수 있는 무엇이 있을까, 그것이 결국 세월호를 알리는 일이라 생각을 해요. 이제 말로만 세월호를 알리고 진상 규명을 해달라고 요구할 게 아니라, 우리가 이제 행동으로 보임으로써 '아, 과연 세월호 유가족들이 진짜 몸으로 이렇게 보여주는구나. 이 사람들이야말로 이 사회를 생각하는 분들이고 참사를 뭔가 새로운 도약으로 이렇게 승화시킬 수 있는 사람들이구나. 그리고 세월호 진상 규명 역시 가치 있는 문제다' 이런 거를 행동으로 보여주는 그런 조그마한 이제 시작이지 않을까. 그래서 이제 이것이 우리가 어떻게 보면은 '협동조합의 선두 주자로서 책임감을 가지고 꼭 그래서 성공을 시켜야겠다. 그래야 제2의, 제3의 협동조합이 나오고 전체적인 큰 덩어리의 공동체가 되면서 우리뿐만 아니라 외부의 사람들도 끌어올 수 있는'. 끌어온다는 게 결국 확산이거든요. 끌어오는 것과 확산이 동시에 이루어지는 것이기 때문에, 그런 그냥 꿈만 가지고 있어요. 그런 꿈을 가지고 하다 보면 또 뭐, 안 가지고 있는 것보다 낫지 않겠습니까?

7
목공을 하는 것의 의미

면담자　'아이들의 선물'이라는 단어가 오늘 몇 번 나왔는데요. 아이들을 생각하면서 우리의 몸과 손을 놀려서 무언가 물건을 만들고, 만든 물건들이 결국은 사람들에게 유용한 물건이 되는 것이 어찌 보면 노동의 꿈이거든요. 그래서 저는 그런 거를 하나씩 만들어 가고 계시고 이제 완성해 가는 단계로 가고 계시다고 봅니다. 이제 거의 마지막 질문인데요. 아까 목공카페라든가 교육사업 이야기도 나왔는데, 이렇게 협동조합을 통해서 그리시는 그런 꿈에 대한 이야기를 조금 더 들어보고 싶어요.

미지 아빠　저 같은 경우에는, 꿈이라는 게 저는 그렇게 생각하고 있었어요. '내가 목공방에 몸담고 있는 동안엔 뭔가를 좀 해보고서 남겨야 되지 않나'라는 생각은 해봤었거든요. 그래서 이제 곰곰이 생각을 하다가 '뭘 남겨야 되나?' 솔직히 막연했었거든. 처음 시작할 때만 해도 막연했었는데, 나는 그렇게 생각을 했었어요. '내가 배운 거를 남한테 좀 가르쳐주면 좋지 않을까?'라는 생각을 했었거든요. 그래서 제가 이제 '어느 정도 고지에 올라선다면은 저는 아마 저는 그런 거를 아마 실행하지 않을까' 생각을 하거든요, 저 같은 경우에는. 다른 분들은 어떻게 생각할는지 모르지만 전 그렇게 생각하고 있어요.

면담자   동수 어머님은 어떠세요?

동수 엄마   꼭 하고 싶은 건 그렇고요. 이제 하면서 어느 정도 기술이 습득되면 저만의, 그러니까 제 것만의 제품이라고 할까? 작품이라고 할까? 그건 있어요, 그러니까, 네, '동수 엄마' 하면 '아, 이거' 하는 구상을 좀 많이 하고 있어요. 지금 머리 안에는 아직은 딱 정해진 건 없고요.

면담자   동수 엄마만의 작품.

동수 엄마   그렇죠.

면담자   멋지네요. 수인 어머님은요?

수인 엄마   저는 딱히 뭘 머릿속에 막 구상해서 해야 되겠다 그거보다는, '나갈 곳이 있구나', 일단 시작을 했으니 '내가 언제든지 나갈 수 있는 곳이 있구나', 그 의미가 더 큰 거 같아요. 제가 요즘 좀 감정이 널 뛰고 있는 상황이라 '그래도 뭔가 나를 좀 붙잡아 주는 구석이 한 군데가 더 있구나', 내가 언제든지 나가도 되는, 우선은 그것만 생각해요. 좀 더 더, 내가 좀 더 이 상황에서 벗어나고 건강해지면은 좀 더 더 긍정적인 다른 어떤 꿈을 가질 수 있겠지만, 지금은 그냥 이곳이 좋아요.

면담자   우선 목사님 말씀부터 듣고 이제 마지막에 수연 아버님께 여쭈려고 합니다. 유가족들이라서 말씀은 못 하셨지만, 그간 벌써 3년인데 혹시 뭐 화가 났던 거라든지 그런 이야기 좀 해주셨으면 좋겠고요(웃음). 특별히 '유가족들이 이런 점에서 대단하다' 그런 느낌이 있으신지, 전체 소회를 겸해서 말씀해 주시면 좋겠습니다.

안흥택   엄마, 아빠들 처음 만났을 때 표정하고 지금 표정하고 확실히 달라요. 정말 힘들어했고…. 민정 아빠가 우리 교회 처음 왔을 때는 우리가 조그만 카페 비슷한 차 마시는 곳이 있는데, 못 들어오시더라고요. 저쪽에서 담배만 피고, 얼굴은 새까맣고 정말, 그래서 뭐 그냥 들어왔다가 아무 이야기도 안 하고…. 민정 아빠가 원래 말이 없고 하지만, 그랬었고…. 뭐 [다른] 엄마, 아빠들도 역시 그랬고, 그랬는데 지금은 평정심을 찾아가고 있는 과정이 아니겠나 싶고요. 아직도 좀 더, 사실 회복된다는 말은 품고 가는 것이지 그게 어떻게 회복되겠습니까. 그렇지만은 이렇게 보면, "화를 좀 내지 마라"(웃음) 해도 하여튼 대화를 하면은 이게 소리가 커져. 소리가 커지는 건 그건 어쩔 수 없는 거 같아. 그래도 우리가 마음을 아니까 그러는데, 그것도 시간이 지나면은 자연스럽게, 뭐 의식적으로 해결될 문제는 아니지만 자연스럽게 풀어지지 않겠나 [싶어요].

그리고 어쨌든 우리가 가진 뭐 아픔이야 아픔이고 상처는 상처니까, 사실은 거기서 뭔가 나오는 거죠. '뭐 종교를 떠나서라도 모든 역사는 그 안에서 또 새롭게 쓰여나갈 에너지가 나오니까 [부모님들에게도] 그런 에너지가 나오지 않겠나' 생각하죠. 또 함께하는 사람들과 같이 만들어나가는 거니까. 또 어쨌든 우리나라 사회, 우리나라 민족을 위한 그 에너지가 이 큰일에서도 에너지가 나왔잖아요.

실제적으로 구체적으로 역사하는 동안에 남과 북의 관계 속에서 구체적으로 그 에너지가 나왔고, 그래서 조금 더 깊이 승화되면 각자들에게도…. 이제 저는 그때 그런 이야기, 언젠가 그런 이야기를 했지. "야, 이제 좋은 일만 남았어" 그런 이야기를 했는데, "좋은 일이 있을 수 있겠는가?" 그래도 "좋은 일만 남았다"고 그랬고. 저는 미국에 갔다 왔을 때도 '아, 이제 내가 일상으로 돌아간다'라고 생각했는데, 속으로 '가족들은 일상으로 돌아갈 데가 없겠지' 그런 생각을 했어요. 나는 이제 일상으로 돌아가지, 여행 떠났으니까 돌아오는데, '엄마, 아빠들은 일상으로 돌아올 수 있겠나' 그런 생각도 좀 해봤고. 어쨌든 평생 품고 가야 할 부분이 아니겠나 싶은데, 그걸 '어떻게 풀어내느냐, 그런 면에서 목공은 중요한 나름의 한 역할을 하지 않겠나' 그런 생각이죠.

면담자   구술이긴 합니다만, 제가 이 말씀은 드려야 될 것 같아서 말씀을 좀 드릴게요. 저는 처음부터, 지금도 마찬가지입니다만 '우리가 꼭 어디로 돌아가야 하나?' 그런 의문을 가지고 있어요. 아이들이 세상에 있지 않은 이 새로운 상황에서 당연히 새로운 일상을 만들어가시는 거고, 또 분노에 찼던 얼굴에서 과거의 편안했던 얼굴로 돌아가는 것이 아니라 새로운 얼굴과 표정을 만들어가시는 것이어야 한다고 보는 거죠. 사실 그거는 유가족들만 그래서는 안 되고, 한국 사람들 모두가 4·16을 계기로 해서 새로운 일상, 새로운 세상, (안홍택 : 제3의) 네, '제3의 삶을 만들어가야 된다'고 저는 생각을 하고 있고요. 그 생각에 기초해서 볼 때 이 목공 협동조합은 그 새로움을 만들어가는 하나의 장일 가능성이 높다고 저는 봅니다.

안흥택   그래서 잘돼야 돼요. 잘돼야 돼요.

면담자   목사님 말씀에 이어서 제가 면담자이면서도 제 주관에 대한 말씀을 잠깐 드렸습니다. 아까 꿈 이야기 하다가 수연 아버님만 빼놓고 갔는데요. 이 공간과 협동조합을 어떻게 만들어가고 싶으신지에 대해서 말씀 부탁드리겠습니다.

수연 아빠   글쎄요. 구체적으로 뭐 어떤 청사진을 가지고서 뭐 딱 '이렇게 하겠다' 뭐 딱 표현을 할 수는 없지만, 저는 그냥 개인적으로는 이제 아이를 많이 생각을 해요. 저는 제 아이가 이제 저한테는 뭐 전부였으니까. 전부인 제 아이가 18년의 생을 마감하고 이제 세상을 떠났지 않습니까? 그런데 과연 그 18년이라는, 18년이라는 생이 짧다면 짧고 길다면 긴데, 그 '18년이라는 인생을 너무 그냥 부질없이 너무 헛되게 이렇게 그냥 보낼 수는 없지 않느냐', 아빠로서의 그런 마음이 있는 거예요, 조금 외람된 이야기인데. 그래서 이제 '우리 아이의 인생을 좀 가치 있게 하려면 뭐가 좀 있을까?' 저도 이렇게 쭉 나와서 이렇게 하는 거가 하나의 과정이고 몸부림이라고 볼 수가 있는 건데요. 이런 목공방을 통해서라도 계속 우리 아이들의 희생의 가치를 이렇게 살릴 수 있는, 헛되지 않고 좀 살릴 수 있는 방법을 제 나름대로는 찾아보려고 몸부림을 치고 있는 겁니다.

    제가 '힘도 없고 능력도 없는 사람이 뭐를 가지고 할 수 있을까', 우리가 지금 진상 규명을 위해서 활동을 하고 있지만 특조위라는 것도 한계가 있는 거고, 그래서 좀 뭐 가족들끼리 모여서 가지고 할 수 있는, 지속적으로 할 수 있는 게 그래도 좀 잘될 수 있도록 이어나간다면, 그래도 협동조합이라는 게 가족들에게 좋은 매개체가 될 수 있는 건데요. 이런 거를 통해서 계속 가족들 간의 유대 관계를 지속적으로 가지면서 활동을 꾸준히 해나가면은 그래도 '우리 아이들의 희생의 가치를 좀 이렇게 퇴색되지 않고 찾을 수 있는 방법이 좀 나오지 않겠는가' 그런 막연한 기대를 가지고 나와서 동참을 하고 있는 거거든요. 그리고 뭘 만들어가지고 판매를 하고 수익 올리고 하는 것도 좋지만, '계속 이렇게 가족들이 모여가지고 또 그냥 모임으로 끝날 것이 아니라 더 확대해 가지고, 그래서 이게 지금 크게 사회가 변할 수 있는, 좀 이렇게 개선될 수 있는, 그래서 참사로 인해서 희생된 우리 아이들의 가치가 새롭게 부활할 수 있는 그런 세상을 우리 부모들이 만들어야 되지 않겠는가', 그럼 뭔가 같이할 수 있는 뭐가 있어야 되잖아요. 그런 매개체가 있어야 되는데, 그럼 '뭐가, 뭐가 될 것인가', 그럼 저는 이런 것들이라고 보거든요. 이런 협동조합, 제2의, 제3의 협동조합 만들어질 만큼 더 큰 공동체, 그 공동체의 힘이 발휘를 해가지고 사회를 변화시키고 해줘야죠. 그래야 '궁극적으로 우리 아이들의 18년 짧은 생이지만, 그 희생, 그 인생이 헛되지 않고 나름대로 가치 있는, 우리 아이들의 가치 있는 삶을 만들어줄 수 있는 것이 아닌가' 그런 막연한 생각을 하고 있거든요. 물론 뭐 물건도 잘 만들어가지고 고품질, 이런 것도 좋지만, 외람되지만 그렇게 좀 크게 생각을 하고 있어요.

면담자   네, 전혀 외람되지 않으십니다. 마지막으로 미지 아버님께서 하고 싶은 말씀 해주시는 것으로 마무리하도록 하겠습니다.

미지 아빠   아휴, 이거 책임감이 무겁네요, 아무 생각도 없다가 이런 말을 하게 된다는 것이. 그렇지만 (한숨 쉬며) 저는 정말로 좀 '제가 하는 게 짐이 무겁다'는 생각은 해요. 이 협동조합 경험도 없었고 우리가 처음으로 이제 시작을 하는 건데, '우리가 잘돼야만이 이제 우리 가족들한테도 호응을 받고 이제 엄마들, 아빠들도 다시 또 뭐 할 수 있다는 걸 갖고 있겠다'고 생각을 하는데, 우리가 지금 이걸 하면서도 어떻게 해야 잘되는 것인지… 우리가 어떻게 개척해 나가야 되느냐, 이 숙제를 안고 나가는데, 모르겠어요. 우리 지금 협동조합 우리 팀원들은 다 저하고 다 똑같은 가족이고 그 마음이라고 생각하지만은, '여기서도 진짜 사활을 건다'는 생각은 다들 하실 거라고 생각은 해요. 그런 마음이 있으면은 어떻게 잘되지 않을까? '분명히 잘될 거'라 저는 생각하거든요. 그래서 잘돼가지고 정말로 우리가 함께 더불어 살아갈 수 있는 사회를 만들고 싶어요. 그게 제 바람입니다.

면담자   긴 시간 할애해 주서서 고맙습니다. 이것으로 4·16희망목공협동조합의 구술증언을 마치도록 하겠습니다. 감사합니다.

구술자 모두   고맙습니다.

2회차

2019년 4월 3일

1
시작 인사말

면담자　　　본 구술증언은 4·16 사건에 대한 참여자들의 경험과 기억을 기록으로 남김으로써 이후 진상 규명 및 역사 기술에 기여하고자 합니다. 지금부터 박인환, 안홍택 두 목사님의 증언을 시작하겠습니다. 오늘은 2019년 4월 3일이며, 장소는 안산시 단원고 4·16 기억교실입니다. 면담자와 부면담자는 이봉규와 정수아이며, 촬영자는 김예지입니다.

2
목공소 최근 근황

면담자　　　저희가 작년 8월 달에 1회차 구술을 하고 이제 해가 바뀌어서 2019년 4월에 두 목사님을 모시고 4·16희망목공협동조합에 대한 이야기를 듣는 시간을 갖게 되었습니다. 처음에 이 목공소를 만드는 데 관여하시기 시작해서 현재에 이르고 계시고, 또 유가족들의 이 공동체 활동을 유가족이 아닌 분들의 시선에서 한번 바라보는 것도 의미 있지 않을까 해서 자리를 마련하게 되었습니다. 먼저 목공소 운영이나 활동의 근황에 대해 한 분씩 말씀해 주시면 좋을 것 같습니다.

안홍택　　　(박인환에게) 먼저 하시죠.

박인환   어… 어디부터 이야길 해야 되나(웃음). 그… 작년에
분향소가 이제 철수되면서 그… 뭡니까 그, 목공소도 철수를 해야 되
잖아요? 그래서 시[장인] 전 제종길 시장한테 이야기가 잘돼서 안산시
꽃빛공원으로 그걸 이전을 했죠. 이전을 하기로 하고 그사이에 우리
가 저기, 어딥니까? (안홍택을 보며) (안홍택 : 부르더호프) 아, 옮기고
갔나요, 부르더호프를?

안홍택   아니요, 오니까 옮기기 시작했죠. 그러니까 가는 중에
옮긴 거예요. 옮겼으니까….

박인환   아니죠. 우리가 5월….

안홍택   [지]나서 옮겼나?

박인환   어, 아니, 가기 전에.

안홍택   갔다 와서.

박인환   가기 전에, 가기 전에 옮기기만 했어요. 가기 전에, 미
국에 부르더호프 공동체라고 기독교 신앙인들 공동체인데, 목공을
주업으로 하는 그 공동체에 이제 (안홍택 : 견학) 견학을 갔죠, 우리가
엄마, 아빠들 일곱 명하고 안 목사님하고 박인환 목사하고 이렇게
일곱 명이, [아니] 아홉 명이. 그 가기 전에 분향소에 있던 그걸 다 꽃
빛공원으로, 안산시에서 마련해 준 천막에다가 옮겨놓고, 갔다 와서
그걸 정리를 했죠. 그래서 우리가 작년… 아이고 이거 날짜도 가물
가물하네(웃으며), 5월 달에 갔다 왔어요(웃음). 갔다 와서부터 [목공
소를 정리했어요]. 거기서 이제 우리 가족들이, 엄마, 아버지들이 거

기를 갔는데 굉장히 환대를 받고, 미국 부르더호프 공동체가 또 저희들 호스트해 준 미국 UMC[The United Methodist Church]라고 미연합감리교회 목사님들이나 이런 분들에게 환대를 받고 힘을 얻었어요. 그래서 "야, 우리 [한국으로 돌아]가서 이거 제대로 좀 해보자" 이렇게 돼서 와서 그때부터 와가지고 목공, 그 전에는 목공소에서 무슨 일을 하다 보면 한두 시간 하다가 흐지부지 다 없어져 버리고 그랬는데, 이제는 아주 직장인들처럼 (웃으며) 아주 아침 10시에 출근하면 5시까지 꼬박 붙어서 일하고 그러면서 이제 협동조합을 만들었죠. 그래서 여러 분들이 이렇게 도와서 협동조합을 만들어서 지금 열심히 일하고 회사의 어떤 꼴을 갖추어가고 있는, 실제 5월 25일에 개소식을 준비하고 있습니다.

면담자　　　개소식을 준비하고 계시군요.

안홍택　　　그러니까 작년 6월 28일 창립총회, 협동조합 창립총회[가] 6월 28일, 그리고 작년 7월 17일 법인설립, 그리고 지난 10월 1급 지도자자격증 획득. 엄마, 아빠들이 다 목공지도자 자격 획득했고 그래서 지금 이제 협동조합이죠, 이제는. 기업으로 되어 있고, 지금은 이제 준비 중이에요. 그러니까 제품을 만들고 홍보해야 되니까 거기 이제, 거기에 따라서 전시실, 가구를 만드는 전시실도 이제 [마련]해야 되고 또 이제 팸플릿이라나요? 그것도 만들고 또 [온라인] 카페를 만들어서, 어쨌든지 판매를 해야 되니까.

박인환　　　다음 카페 같은 것, 그러니까.

안홍택　　　네, 그런 작업을…. (박인환을 보며) 재단 쪽이죠, 거기가? 재단에서 도와주고.

박인환   4·16재단.

면담자   4·16재단에서요.

안홍택   네. 그리고 또 안산시… 아휴, 이름이 잘 모르겠어요. 거기[안산시 희망마을사업지원단]서도 지금 와서 도와주고 있어요. 그래서 로고 작업이나 마크 작업 이런 거부터 같이 진행하고 있어요. 개소식 준비가 지금 조금씩 진행되고 있어요.

면담자   아, 그렇군요. 여기 나오시는 유가족분들은 작년 8월 때에는 아버님들이 좀 더 많았고 어머님들이 좀 적었다고 기억하는데요.

박인환   네네, [지금도] 그대롭니다.

면담자   따로 나오시지 않는 분들 없이 계속 꾸준히 나오시나요?

안홍택   엄마들은 지금 상근은 하지 않고 있어요. 왜냐면 거기 동수 엄마나 수인 엄마는 지금 연극 쪽에 붙어가지고, [또] 민수 엄마는 (박인환: 직장) 직장, 직장을 잡았고. 그래서 일단은 조합원이지만은 비상근 조합원으로 되어 있고 아빠 셋은 상근으로 열심히 하죠, 지금.

박인환   그리고 이제 성호 아빠가 조합원은 아닌데 나와서 일하고 있고.

안홍택   네, 성호 아빠.

면담자	최성호 군 아버님이요?
박인환	최성호 아빠요.
면담자	그럼 최근에 만드는 제품이랄까요, 이런 것들에 이제 좀 변화가 있었는지요? 기술이 좀 더 좋아지셨고 이제 자격증도 따셨으니까요.
박인환	기술은 많이 좋아졌죠. 많이 좋아지고 제품은 지금 개소식을 준비하면서 각자 하나씩, 어떤 사람은 책상, 어떤 사람은 식탁, 어떤 사람은 콘솔 또 책장, 또 뭐가 있지? (안홍택 : 유리장) 유리장, 네. 이런 걸 지금 만들[고].
안홍택	다탁, 뭐 화장대 이렇게.
면담자	제품이 굉장히 다양하네요.
박인환	네네.
안홍택	가구 일체죠, 뭐.
박인환	그리고 아무래도 저희들이 목사다 보니까, 그래도 목사라는 직위를 살려서 좀 판매도 해야 되잖아요? 가장 중요한 게 (웃으며) 영업이잖아. 그래서 그 교회에서 (면담자 : 공동체가 자생해야 되니까요) 네, 교회에서 쓰는 성구 같은 거, 예를 들면 기도대, 기도대 같은 거. (안홍택 : 성찬대) 성찬대, (안홍택 : 설교단) 설교단, 십자가 이런 걸 자연스럽게. 그 예를 들어서 민정이 아버지는 천주교인 냉담자거든요? 천주교 다니다 이제 안 다니는 사람인데, 그 양반 중심으로 그런 걸 자꾸 이렇게… 아버지들마다 다 특기가 있더라고요.

97

2회차2회차

그러니까 어떤 사람은, 미지 아빠 같은 사람들은 이렇게 이렇게 뭐 (안흥택 : 식탁 같은 거) 식탁 같은 걸 만드는 걸 좋아하고, 민정이 아빠 같은 경우는 뭐 이렇게 (안흥택 : 목공예) 나무토막, (안흥택 : 목공예지) 목공예. 그렇게 해서 지난 5월… 그 작년 가을부터 조합 만들고서부터 지금까지 기도대 같은 거, 하나에 한 45만 원 이렇게 받는데 그거도 한 뭐… (안흥택 : 몇십 개 나갔죠?) 한 50개 이상 나갔죠. 그리고 뭐 소소하게 소품들, 이렇게 뭐… (안흥택 : 빵 도마) 십자가, 빵 도마라든지 십자가라든지 그냥 칼도마라든지 이렇게 소소하게 지금 나가고 그다음에 모니터 받침대, 어… 멋있습니다.

안흥택   그리고 만년필, (면담자 : 만년필이요?) 볼펜.

박인환   네네. 볼펜, 만년필.

안흥택   사인… 저기 뭐야, 샤프.

면담자   어, 정말 다양한데요.

박인환   나무로 깎습니다.

면담자   네, 저는 그냥 단순히 면담을 하러 왔을 뿐인데 갑자기 구매 욕구가…(일동 웃음).

안흥택   네, 신청하십쇼.

면담자   저번에 1차 면담 때 말씀해 주셨던 내용을 들어보니까 "2018년도까지는 이른바 '수습 기간'이다 그래 가지고 좀 체계를 잡아나갔고 그리고 구성원들에게 별도의 페이를 주진 않는 대신에 부를 축적하게 되면 이제 공동체 재산으로 만들어갔다"고 이야기해

주셨어요. 또 나오시는 유가족분들은 "기본적으로는 이제 자율적으로 나오셔서 할 수 있도록 하되, 가급적으로 주 3일 정도는 나온다는 정도의 원칙을 가지고 운영을 하려고 한다"고 이야기해 주셨는데요. 그 원칙은 지금까지 계속 견지되고 있는지요?

박인환   그것보다 더 발전됐죠.

면담자   어떤 점이 그렇습니까?

박인환   그거 뭐 상근, 아버지 셋은 직원처럼 상근이고 월급도 받아갑니다(웃음).

면담자   아, 이제 월급도 받아가시는군요.

안홍택   굉장히 조금씩인데… (박인환 : 쪼끔(웃음)) 그래야 되지 않겠나 [생각해서 그리하고 있습니다].

박인환   한 90만 원 이렇게 최저로 해서, 우리 안 목사님이나 저는 그냥 옆에서 돕는 거고 (안홍택 : 봉사, 봉사죠) 그 세 사람에게는 어쨌든 단 한 푼이라도 가야 (책상을 치며) 의미가 있잖아요? (면담자 : 그렇죠) 네. 죽어라고 일만 하고 뭐 손에 아무것도 안 잡히는 것보다 그들의 노력에 비해서 반도 안 되는 거지만, 또 그거 가져가면서 굉장히 좋아하더라고요.

면담자   이렇게 급여가 지급되기 시작한 건 언제부터인가요?

안홍택   어… 올해부터 아닌가? 올해부터, 작년에 이제 그래서 "올해부터는 시작하자"고 그러지 않았나? (박인환을 바라보며) 그죠?

박인환　　　올해죠, 올해. 올해 1월부터 하기로 했는데 제가 보기에는 2월, 3월 이렇게 하지 않았나? 두 번 나가지 않았나 생각이 되는데. (면담자 : 아, 그렇군요) 그런데 아직까지는 이게, 우리가 이제 알리질 않았고 또 여태까지는 물건을 막 만들어 쌓아놔야 되는데 그럴 여가가 없었어요. 근데 최근 들어서 또 열심히 이렇게 하니까 이 개소식이 끝나야 주문도 들어올 것 같고. (면담자 : 그렇죠)

안홍택　　　중요해요, 개소식이.

3
목공소 창립과 초기 인식

면담자　　　그렇군요. 알겠습니다. 그래서 간단히 근황을 좀 여쭤봤고요.

안홍택　　　(본인이 가져온 자료를 보며) 개소식 자료도 있습니다.

면담자　　　이따가 좀 보내주시면 좋을 것 같습니다.

안홍택　　　보내드릴게요.

면담자　　　네. 저번 면담 때 목공소가 만들어지는 초창기 과정에 대해서 설명을 충분히 해주셨습니다. 박인환 목사님께서 제안을 하시고 안홍택 목사님께서 함께해 주시게 되면서 6월 초에 합동분향소에 목공방 공간이 만들어지게 되고, 그렇게 시작이 됐었는데요. 사실 궁금했던 건 목사님들이 안에서 함께 어떠한 공동체를 만들어서 한다, 외부인이 정기적으로 뭘 한다는 것에 대해서 유가족들이 좀 달가워하지 않는 분위기도 있었을 것 같은데, 물론 환영하는 분위기들도 있었을 것 같고요. 처음에 이제 정기적으로 봉사를 하시게 되면서 접하셨던 인상이랄까요, 느낌이 어떠셨는지 좀 궁금합니다.

박인환   (안홍택에게 먼저 하라고 손짓)

안홍택   그 목공을 하러 온, 목공소 안에서의 분위기는 뭐 (박인환 : 좋았죠) 의욕들도 있고. 그리고 목공 하러 온 사람들이 굉장히, 아무래도 우리 엄마, 아빠들은 다 심리적으로 정신적으로 굉장히 힘들잖아요. [지난번 1회차 구술] 거기에도 나왔지만 일단은 오면 집중을 하니까, 목공이 가지고 있는 굉장히 좋은 점이에요. 뭐 예술, 다른 예술도 그럴 거예요. 그림을 그려도 집중하고 특히 목공도 굉장히 집중하니까 다들 좋아했죠. 그야말로 잠을 못 자던 사람들도 "목공을 하면서 잠을 잘 잤다"는 이야기도 나오기도 했고, 그런 면에서는 뭐 참 좋고…. 그러나 이제 엄마 목공이 또 있잖아요? 엄마 목공하고, (박인환 : '엄마공방') [목공소와] '엄마공방'하고의 관계가 어, 그렇게 원활하지는 않은 거 같은데, 그렇다고 뭐 구체적으로 반복되는 건 아닌 거 같고. 어쨌든 따로따로니까, 따로따로인데 예를 들어서 '엄마하장'을 하자고 그러면 또 그쪽에서 필요한 물건 만들어주기도 하고, 그리고 오픈을, '엄마하장'을 하면 우리가 물건을 갖다가 부스에 같이 하기도 하고 그랬는데, 어쨌든 어… 뭐 그렇게 썩 많은 교류가 있진 않았던 거 같아요.

박인환   어… 좀 긴장 관계였죠, 내가 볼 때에. 좀, 조금 긴장,

목공소하고 '엄마공방'하고 쪼끔 긴장 관계였던 것 같애요. 그러니까 목공소 엄마, 아버지들이 아니라 '엄마공방' 쪽에서 쪼끔 그렇게… (안홍택 : 그런 이야기들이) 그런 시각이, 네네. (안홍택 : 그런 이야기가 들려요) 네네. 그런 이야기들을 좀…….

안홍택   그거 뭐… (웃으며) 그러니까 우리가, 우리는 후원자들이 확실하고 기계들을 후원해 주니까, 뭐 100만 원, 200만 원이 아니라 몇천 만 원씩 되는 거를 교단 차원에서 이제 지원해 준 거죠. 왜냐하면 교회에, 여기 (박인환을 가리키며) 감리교도 그렇고 우리도 그렇고 전국 교회가 헌금을 했거든요, 4·16 때. 그 헌금을 이제 총회에서 갖고 있고 그 4·16 헌금을 이제 여러 세월호 가족들을 위해 써요. 뭐 식사하는 거, 또 어느 행사 있을 때 그런 많은 후원을 하는데, 이제 [박]목사님 감리교도 그렇고 우리도 그렇고 목공소가 오픈하면서 예산을 집중적으로 (박인환 : 응, 많이요) 지원해 줬어요, 집중적으로. 그런 면에서 보면은 '엄마공방' 같은 경우는 '우리도 공방인데' (박인환 : 네) 뭐 그럴 수도 있겠죠, (박인환 : 그러니까) '왜 저쪽만……'(웃음).

박인환   그래서 처음에 우리 목공소를, 목공소 그때 언젠가요 (안홍택이 가져온 자료를 보며) 8월인가? 우리 감독회장, (안홍택 : 아아) 기독교대한감독회장이 와서, 2015년 아마 8월, (안홍택 : 개소식 저거로) 네, 8월쯤 됐어요. (안홍택 : 오픈할 때 이제) 네, 7월 정도? (안홍택 : 간판 달 때) 네네. 간판 달러 와서 그래도 우리 저기 (안홍택을 가리키며) 장로교 목사님이 지도 선생님이고 또 감리교가 연장 청탁했으니까, "와서 기도회 하자" 그래서 감리교 수장인 감독회장이 와서 저걸 했어요, 기도회를. 그러니까 개소식 같은 걸 했지. 그런데 '엄마와 함께하장' 대빵이 누구죠? 그 성빈이 엄마 (안홍택 : 응, 성빈이 엄마) 이런 사람이 와서 "이렇게 감독회장이 하면서 우리가 이렇게 앞으로 지원하겠다"[라고] 제가 사전에 다 이야기했죠, "이거 나무 사야 되니까 월 얼마씩 지원해 달라"[고 감독회장에게] 그랬더니 "월 150만 원씩 지원하겠다"(웃으며) 그랬더니, 연회 끝나자마자 성빈이 엄마가 "왜 거기만 주냐? 우리도 달라"고 막 어디에 맡겨놓은 것처럼 막 그러니까 우리 감독회장이 당황해 가지고… (안홍택 : 아, 그런 게 있었구나) 그래서 거기도 100만 원씩 계속 준 거예요. (안홍택 : 아…) 그러니까 그걸 뭐라고 그럴까, "왜 우린 안 주냐, 왜 여기만 주냐"(웃음).

안홍택   소외된다는 느낌이 있었나 보네.

박인환   그런 걸로 해서 약간의 좀 불미스럽다기보다는 [그렇지] 않고 그것보다는 약간의 어떤 긴장 관계, 이런 것이 있었죠. 그래서 거기도 2년 동안 100만 원씩 감리교본부에서 해줬고, 우리 목공방에는 2년 동안 또 150만 원씩 이렇게 [지원해 줬어요]. 사실 그게 다 이쪽으로 올 돈이었는데(웃으며) 그쪽으로 분산이 된 거지(웃음).

4
목공이 갖는 의미

면담자   그런 일이 또 있었군요. 아까 말씀해 주실 때 목공의 좋은 점을 언급해 주셨는데, 이따 여쭤볼까 했지만 말씀 나온 김에 여쭤보겠습니다. 목공을 한다는 것에 대해서 어떤 특별한 의미를 생각하신 바가 있으신 건가 해서요. 이게 사실 나무라는 재료를 다루는 건데요, 그 나무라는 재료를 다룸으로써 목사님이 생각하시는 신과 만난달까요? 거기서 느끼는 감각들, 새로 생겨나는 생각들 이런 것들이 유가족들에게 어떠한 유의미한 경험이 될 수 있으리라 생각하셨기에 결국 이런 활동에 결합하시게 되셨는지, 나무나 목공 활동을 목사님께서 어떠한 의미로 생각하시는지 이야기를 좀 듣고 싶었습니다.

안홍택   그러니까 이제… 사람들은 이게 뭘 만들잖아요? 창조하려 하고. 그게 가장 본질적인 거 같아요. 저도 역시 처음 시작할 때 만들고 싶어 하는 어떤 욕구겠죠. 근데 이제 목공은 나무를 가지[고 하니까, 나무는 이제 흙에서 자라난 것이고 우리 본질적인 어떤 근원적인 생태와 연결돼 있는… 재료 자체가 그걸 가지고 이제 작업을 하는 거고. 이제 제가 왔을 때는 목공소는 어쨌든 그 방향이나 정신이 (박인환을 가리키며) 우리 목사님 계셔서 기독교적인 정신이 바탕을 할 수밖에 없을 것 같아요, 그래 그런 거. 다른 종교를 가진 분도 있고 무교도 있지만… 기독교적인 어떤 정신에 바탕을 둔… 모임이라고 할 수도 있는데, 목공에서 제가 이제 한 십여 년 하다 보니까 목공의 재밌는 하나의 그 원리라고 그럴까? 이게 목공의 가장 기본이 이제 톱질하고 대패질이거든요. 그러면은 톱은 이제 수직, 수직이고 대패는 수평이고, 수직과 수평이 항상 만나요. 이거는 아주 오차가 제로여야 돼요, 거의. 가구들을 보면은 다 대칭이거든요. (마주 보는 장을 보며) 저거도 좀 비딱했는데, 저게 보이거든요(일동 웃음).

저건 상품 가치가 떨어지는 거예요. 저거는 이제 MDF로 코팅된 거지만 우리는 지금 원목으로 하는, 원목 그대로 집성하고 붙이고 하는 과정에서 이제 수직과 수평이 있는데, 여기에 이제 십자가의 의미가 있어요. 십자가의 그 수직, 하늘에서 땅으로, 수평은 이제 서로의 나눔, 사랑의 나눔 그런 개념이 있고, 그게 이제… 보면서 목사로서 속이지 못하겠더라고요, 그걸 느꼈고.

또 하나는 하나님의 창조의 질서, 목공이 그거하고 똑같더라고요. 목공은 시작을, 뭘 하나를 만들려면 그 계획 속에 처음과 끝이 다 들어 있어요. 마감, 그러니까 설계부터, 설계를 시작하고 그다음에 치수 재고 그다음에 집성, 재단하고 그러고 맞추고 그래서 마지막에 마감, 이제 오일을 바르고 하는 것, 이 전체 공정이 머릿속에 다 들어 있어야 되고, 거기서 처음부터 오차가 나기 시작하면 이제 그때는 그야말로 이제 목공이 수공이 된다는 거 자꾸 이야기하죠. 왜냐하면 요거 하나 잘못되고 고거 또 손으로 막 고쳐야 되고 그러는데, 그러니까 하나님의 창조 질서하고 [목공이] 너무 똑같은 거예요. 하나님이 창조할 때 처음과 앞으로의 이제 마지막, 마지막 종말, 그 선한 종말이죠. 어떻게 망가진 이 우주를 다시 첫 뜻, 창조의 첫 뜻으로 다시 완성시킬 것인가라고 하는 것이 하나님의 창조 질서의 처음과 끝이거든요. 그런데 끝에 있는 거는 모르죠, 우리는. 목공도 처음에 뭐 설계 도면이 들어가지만 사실은 그 설계 도면 짤 때 이미 마지막 마감이 다 들어가서 작업이 되거든요. 그러니까 그런 의미가 참뜻이 깊더라고요, 신앙적으로.

그리고 또 하나는 이제 어떤 교회공동체성, 이건 교회의 가장 본질적인 건데 교회가 그걸 많이 잊어버렸죠. 지금 교회가 대형화돼 가면서 굉장히 잃어버렸는데 그래도 우리 목공소는 그대로 공동체적인 생각을 꾸준히 갖고오죠. (박인환을 바라보며) 그죠? (박인환 : 네) 이윤에 대해서도 그런 생각을 하기도 했어요. '우리 공동으로 이윤을 똑같이 가져가자, 나눠가자' 그런 어떤, 이윤 분배에 있어서 그런 생각. 우리가 부르더호프 갔을 때도, 그 공동체가 그러거든요. 일을 하든 안 하든 거기는 통장이 하나예요. 네, 그거는 전 세계적으로 통장이 하나예요(웃음). 그래 가지고 관리하는 사람 하나 믿고 무슨 일을 하든 들어오는 수입은 그 통장으로 다 들어가고 필요한 사람은 자기가 원하는 대로 체크하고 쓰고 나가거든요. 그래서 굉장히 놀라운 공동체인데, 그렇게는 못 하더라도 그런 '나누고 함께하고 하는 것들에 대한 정신을 이 목공소 안에서 이어가자' [생각했고요]. 그리고 그런 면에 있어서 우리 가족들의 그 아픔이 있고 상처가 있는데, 그것을 이제 승화시켜야 된다고 그럴까, 그런 것들이 목공소[를 하는] 과정 속에 편하게 얘기되어 지고 그런 생각들이 자연스럽게 가지려고 하고 그런 게 좀 있었죠, 그 과정들 속에, 네.

박인환   그러니까 그 목공소 안에도 성격들이 다 다르잖아. 그리고 다 이렇게 트라우마들이 있으니까. (안홍택 : 네, 맞아요) 그래도 목공소 나오는 사람들은 다른 부모들에 비해서 좀 정신적으로 건강하다고 생각을 하지요. 그래도 뭘 이렇게, 저도 같이 배웠지만 이렇게 하다 보면, (안홍택을 가리키며) 목사님 처음에 이제 "오차가 20분의 1밀리미터, 0.05밀리미터가 넘으면 불량이다" 그랬거든요? 근데 뭐 1밀리미터도 잘 안 보이는 거예요, 처음에는. 그런데 20분의 1?

그런데 몇 년을 하다 보니까 보입니다, 그게. (안홍택 : 보이지) 보이고 그걸 맞춰요. (안홍택 : 맞춰가죠) 그러니까 "문리를 튼다"고 그러잖아요.

안홍택   (박인환을 가리키며) 목사님은 하여튼 처음부터 손재주가 있었어요.

박인환   아니야. (안홍택 : 잘하셨어(웃음)) 근데 아버지들도 이렇게 그렇게… 안산시에서 버리는, 죽은 가로수 버리는 걸 처음에는 갖다줬는데 이제는 안 갖다줘서 아버지들이 가서 차 가지고 가서 실어다가, 구청 마당에서 실어다가 (웃으며), 보면 그거 그냥 버리는 나무예요. 그거 다듬고 깎아가지고 그 멋진 작품들을 만들었는데 그 성취감은 대단한 거잖아요. 그러면서 자연적으로 어떤 "아, 내가 이거 트라우마를 치료했다" 하는 게 아니라 자기도 모르게 조금씩 조금씩 좀 이렇게 완화가 되는 거겠죠. 그런데 그럼에도 불구하고 툭하면 싸워(일동 웃음). (안홍택을 가리키며) 목사님이나 저나 그 싸움 말리느라고… (면담자 : 아, 유가족분들이요?) 막 자기들끼리. 네, 톰과 제리야, 톰과 제리.

안홍택   톰과 제리. (웃으며) 이거는 악의가 있는 게 아니고요, 서로가….

박인환   그렇게 스트레스를 해소하는 거야.

안홍택   튀어나오면은 건드리는 거예요. 그럼 뭐 틱틱, 우린 속으로 이렇게 보고(웃음).

면담자 　　뭐라 개입도 잘 못하시고 그냥 지켜보시는?

박인환 　　아니, 그 뭐… (안홍택 : 심각한 건 아니고) 아이고 뭐, 목사님이나 저나 중간에 개입하죠. (안홍택 웃음) 그런데 저는 예를 들어, 저 누구냐, 수연이 아버지 같은 경우는 좀 이렇게 깜빡깜빡이 심해요, 젊은 사람이. 그래 아무래도 이런 상처 때문에 그러겠죠. 금방 "이거 이렇게 각인해 줘요" (종이 앞장을 가리키며) 하고 딱 써놓고 가면 나중에 갔다 오면 (종이 뒷장을 가리키며) 이렇게 해놨어. 아, 저도 스트레스받는데 목공방장인 미지 아빠 같은 경우는 얼마나 스트레스받아요? 그러니 싸워. (안홍택 : 목공소장, 공방장) 그래서 제가 "아니, 저 방장님. 똑같은 처지여, 내가 볼 때는. 당신이나 저 사람이나 별 차이 없어. 당신도 내가 볼 때엔 당신 다 스트레스야, 당신 때문에. 그러니까 너무 그렇게 구박하지 말라"고 하죠(웃음). 아니, 근데 그런 줄 알면서도 그냥 자기가 "참지 못해서 나온다"고 그러는데, 그래서 우리 목사가 둘이 거기에 껴 있는 게 그런 면에선 좋은 거 같애요. 어떻게 때로는 좀 말려주기도 하고(웃으며), 아직까지도 그러고 있어요.

5
기독교 정신은 삶으로 보여주는 것

면담자 　　그러면 목공소 내에서 이렇게 활동하면서 대화 나누는 과정 속에서 자연스럽게, 기독교 정신이 바탕이 된다고 아까 말

쓺해 주셨는데, 그런 내용들이 좀 전파가 되고 감화가 되고 이런 거 같으세요?

박인환   저나 안 목사님이나 '교회 다녀라' 이런 이야기 한 번도, 지난 4년 동안, 4년입니까 이게? 한 번도 한 적이 없습니다. (안홍택 : 그거는, 그거는 아닌 거 같아요) 그거는 무슨… 한 번도 그런 거는 이야기를 하지 않았지만 그분들이 느낄 거예요. 그래도 목사들이… 아니, 저도 굉장히 바쁜 사람이에요. 안 목사님은 용인에서 오시잖아요(웃음). 지금까지 휘발윳값 한 푼도 받아본 적 없어요. (안홍택 : 그걸 뭐) 그 저나 안 목사님이나 자기들 돈 필요하면 투자하면서 이렇게 봉사하는데 뭐 느끼겠죠, 말은 안 해도. '야, 그래도 세월호 참사 초기부터 [많은] 목사들이 우리한테 상처를 줬는데, 아 그게 본질은 아닌가 보구나' 이런 건 좀 느끼겠죠.

안홍택   그건 참 중요한 거 같아요. 교회에서 그 안에 시찬 아빠, 미지 아빠, 또 수인 엄마….

박인환   수연이 아빠가 참사 이후에 "[교회에] 좀 나가봤다" 그러더라고. (안홍택 : 네네) 그리고 민정이 아빠는 천주교인이고.

안홍택   천주교인. 그래서 크리스천들이 좀 많았었죠.

박인환   다 안 나가죠, 교회는.

안홍택   근데 전부들 교회에서 이제 상처받고 나왔는데….

박인환   하나님과 싸우는 사람들이죠.

안홍택   (박인환을 바라보며) 우리 부르더호프에 갔을 때 기억나죠? (박인환 : 네네) 저기 뭐야 수인 엄마, (박인환 : 네) 수인 엄마 이야기 좀 해봐요(웃음). 아, 참 감동적이었어요.

박인환   이게 그 이야기… 저기 부르더호프를 가니까 다 백인, 한 300명 백인이 사는 공동체인데 이게 안 되잖아요, 말이. 그런데 딱 우리가 도착하니까 이 사람들이 와가지고 한 사람씩 다 호스트해 가는 거예요, 자기 집에. 뭐 안 목사님이나 저야 뭐 "I'm a boy" 정도는 할 테니까 그런데, 이 엄마, 아버지들이 (웃으며) 이제 영어, 시찬이 아빠는 좀 하더라고. 나머지는 사색이 돼요, 사색이. 그중에 인상적인 게 수인이 엄마가 완전히 이거는 뭐 도살장에 끌려가는 양같이 뒤돌아보면서 끌려가더라고요. 그런데 그다음 날 아침에 나왔는데 천상에서 내려온 얼굴이야. 그러니까 하룻밤 사이에 호스트를 하는 그 나이가 좀 60대 후반쯤 되는 아줌만데, 이렇게 말은 안 통하지만 또 [번역] 앱 깔아가지고 뭐 이렇게 그걸 좀 했겠죠. 그런데 너무나 이 사람들은 정말 보수적인 기독교인들이거든요? 그러니까 그리스도인의 어떤 사랑을 몸으로 느낀 거지. 몸과 마음으로 느낀 거지. 그러고는 얼굴 표정이 확 피어서 나왔는데, 어제의 수인이 엄마하고 (웃으며) 오늘의 수인이 엄마가 완전 다른 거예요. 그리고 이제 민정이 아버지 같은 경우는 둘째 날 그러더라고요. "아; 목사님. 여기가 천국이에요". (웃으며) 그러니까 거기서 정말 그 마음의 (안홍택 : 위로를 받았지) 위로를 많이 받고 왔죠. 거기서 힘을 많이 받았죠.

면담자   굳이 말씀하시지 않더라도 체험을 통해서 (박인환 : 네네) 그런 것들을 느낀다는 말씀이시네요.

안홍택   그리고 그 교회 어디죠? (박인환 : 플러싱교회?) 네. 플러싱에서 수인 엄마가 이제… (박인환 : 아! 아아) 그 교회에서 나왔잖아요. (박인환 : 아, 그렇지) 그 이야기. (박인한 : 아, 그 이야기) 나 놀랬어요.

박인환   플러싱제일교회[The First United Methodist Church in Flushing]라고, 플러싱교회라고 이제 우리 한인UMC예요, 미국연합감리교 한인감리교흰데, 저랑 비슷한 또래의 목사가 담임인데 한국인이죠. 거기서 이제… 주일날 아침을 먹고, 닭죽이 나왔는데 닭죽을 먹고 예배를 드리고 우리가 워싱턴으로 떠났는데, 수인이 엄마가 기도를 하더라고요, 그 죽을 앞에 놓고. 근데 몇 년 동안 우리가 (안홍택 : 크리스천인지 몰랐어요) 네, 몇 년 동안 (안홍택 : 전혀) 목공방에서 매주 만났는데 기도하는 걸 못 봤거든요? 그래서 깜짝 놀라서 기도 끝난 다음에 차 타고 가면서 "아니, 아까 기도하시던데 교회 다녀요?" 그랬더니 "예. 제가 동산교회 집사였는데 (안홍택 : 독실한 신자였대요) 그다음부터, 4·16 이후에 교회를 못 나가고 있어요" 그러면서 "아휴, 미국에 와서 제가 며칠 지내면서 제가 신앙적으로 회복을 할 수 있을 것 같아서 참 기쁘네요" 그러더라고요. 그래서 제가 차 타고 가면서 "아, 이야기 들었죠? 우리 10박 10일간 우리 아홉 명이 미국에 왔는데 수인이 엄마가 이렇게 말한 거 이 한마디로 (안홍택 : 한마디만이라도, 그것만으로도(웃음)) 우리는 목적 100프로 이상 달성된 거다" 제가 그런 적 있었죠.

안홍택   저도 놀랬어요. 전혀 크리스천인 줄 몰랐는데….

박인환　　　그러니까 이 목사들이, 안 목사님이나 저나 이래라저래라 교훈하는 게 아니라, 뭐 하나님 말씀 가르치고 교회 이런 이야기 하는 게 아니라, 그냥 옆에서 (안홍택 : 같이 있는 거죠) 우리가 같이 있어 주는 것만으로 그 사람들에게는 힘이… 됐을 거예요. 우리가 오히려 그냥 가르치려 그러고 뭐 "당신 틀렸다, 하나님 말씀 이거다" 이랬으면 다 아마 저희들을 신뢰하지 않았고 또 목공소도 깨졌겠죠. 전혀 우리는 4년 동안 약속은 안 했지만 저도 안 하고 목사님도 '교회 다녀라, 예수 믿어라' 또는 '신앙을 회복해라' 이런 소리 안 합니다.

면담자　　　제가 알고 있는 개신교에 대한 상식으로만 보자면, 포교를 한다거나 전도를 한다는 것 자체가 하나님 말씀을 실천하는 (박인환 : 네) 행위라고 이해하는데요. 그러면 교회 내에서나 혹은 사회 내에서 활동하실 때도 전도를 안 하시는 편이신지, 아니면 평소에는 전도를 잘 하셨지만 이곳에 와서는 예외적으로 그렇게 하신 것인지 궁금합니다.

박인환　　　저 개인적으로는 안 합니다. 저기 저희 교회, 화정교회 바로 1.5킬로미터 후방에 몇 년 전에 5300세대 아파트가 들어섰는데, 아파트 막 공사 시작할 때 "거기 아파트 입주해도 전도할 생각하지 마라. 거기도 교회 개척한다고 많이 들어올 거고 그 동네도 교회 있다. 그리 가면 되지 왜 멀리 우리까지 끌어오려고 하냐. 그냥 온다면 우리가 할 수 없이 같이 예배드리지만…". 거기서 다, 전도라는 게 예수의 도를 전하는 게 전도지 남의 교인 데리고 오는 게 전도 아니잖아요? 손님 끌기 경쟁이지. 그래서 저는 기본적으로 그런 마음을 가지고 지금까지 살아왔고 그 연장선상에서 세월호 가족하고도 그런 연장선상에서 그렇게 하는 거죠. '아, 내가 부족하지만 정말 예수님 말씀대로 살아보려고 노력을 하면 그게 저 사람들에게 본이 되지 않겠냐' 이거지 백만 마디 말보다 어떻게 내가 살아가느냐 이 모습을 보여주는 게 좋잖아요. 저는 교인들에게 그렇게 얘길 하지요.

안홍택   초대교회 때는 예수를 전할 수가 없었잖아요, 예수라는 말만 나오면 그건 뭐 죽음이니까. 근데… 그 당시 초대교회 때 교인들의 삶은 정말 말과 행동이 일치된 거였거든요. 특히 가장 놀라운 거는 귀족 계급과 노예 계급이 같이 예배를 드리고 그러고는 집에 와서 주인은 주인으로서 노예는 노예로서의 역할을 하는데, 그것이 막 상하의 개념이 아니고 사랑하는 형제의 개념으로 움직인단 말이에요. 이거는 상상할 수 없는 제도에 대한 자유로움인데, 예수는 전할 수 없었지만 그 당시 교회공동체 사람들의 삶을 보고 전혀 뭔가 다르니까 사람들이 그 삶을 보고 쫓아오는 거죠. 그래서 예배를 드리고, 그런, 그런 어떤 본질적인 신앙의 방향성이 있고, 지금도 그렇게 공동체가 움직여지는 데가 있어요. 최근에 뭐 이건 이야기할 필요 없겠고, 하여튼 목사님이나 저나 한 번도 (웃으며) 예수 믿으라는 얘기를 공식적으로 한 적이 없는 거 같아요. 네, 그거는 더구나 '오늘 이 시대에 의미 없는 일이다'는 생각을….

박인환   이게 지금, 안산에 이제 기독교 교회 다니다 죽은 애들이 76명으로 파악이 되는데 그 아이들이 속한 교회가 37개란 말이죠, 저희 교회도 거기에 포함되어 있는데. 그리고 두 교회는 당사자예요. 그 목사님 아들이 둘, 그 조그만 개척교회 목사님 아들이 죽었는데, 그 안 목사님이나 저처럼 세월호 가족들 곁에 와서 예배를 드리는 데 같이한다든지 뭐 목공소에 출입을 한다든지, 뭐 어떤 행사를 한다든지 이렇게 와서 곁에 발 두 개 (책상을 탕탕 치며) 서주는 목사가 몇이냐? 저는 아직… 희생자가 있는 교회 목사들 가운데는 저밖에 못 봤습니다. 내가 못 봤는지 모르겠어요. 그러니까 이게 (안홍택 : 그때는 없었죠) 한국 교회의 존재 방식이 잘못된 거죠. 이거는 엄밀하게 따지면 예수 믿는 게 아니죠. 이걸 또 내가 이렇게 이야기하면 꼰대 장로들이 '저 사탄이다' 이제 그러겠지만, 참 우리 기독교가 세월호 국면에서 가장 큰 죄를 저질렀죠, 전혀 해서는 안 될…. 네, 기독교가 그런 게 아닌데 뭐 이상한 이야기를 하고, 뭐 세월호 이야기하면 뭐… 뭐 노골적으로 이야기하면, 세월호 이야기하면은 그 사회적인 주류의 분위기가 그러니까 큰 교회에서 교인 떨어져 나갈까 봐 못 한 거 아니겠습니까? 그건 기독교 아니죠(웃음).

면담자 　　　어휴, 하시기 쉬운 말씀이 아닌데 이렇게 용기를 내서 말씀해 주시니까 감사드립니다.

목공방 초기 모습과 운영 구조

면담자   저희가 이제 목공소 창립이랑 초창기 말씀을 듣다가 이야기가 이렇게 흘러왔는데요, 또 이야기를 살펴봤더니 이제 처음 꾸려질 때 DIY 강사로 기독교환경운동연대의 (박인환 : 네, 이진형 목사) 이진형 목사님, 환경연대의 사무총장을 맡으신다고. 의왕에서 교회를 하시더군요. 이분이 이제 오셔서 같이하시게 됐는데, 이분이 같이 결합하시게 된 경위를 좀 말씀해 주세요.

박인환   이건 목사님이 말씀하세요.

안홍택   어, 이제 목공을 시작을 해야 되는데 엄마, 아빠들이 "빨리 시작을 하자" 그러는 거예요. 근데 이제 저는 DIY가 아니고 'Do it yourself, 스스로 해라' 그건 이제 그냥 드릴로 나사 박고 이런 거거든요, 그냥 취미 정도로. 근데 저는 이제 장부맞춤 목공이니까 장비가 없는데 할 수가 없는 거예요. 그런데 엄마, 아빠들은 빨리하고 싶어 하고, 그래서 제가 청지기[교회] 목사한테 연락을 했죠, 우리 쪽 후배 목사이니까, 그리고 DIY를 하고 있고 그래서. "아, 이렇게 있는데 이진형 목사님이 좀 도와주시면 좋겠다" 그러니까 기꺼이 왔죠. 그래서 한 두 달 했나요, (박인환을 보며) 한 달? (박인환 : 아, 더 했죠) 석 달 했나요?

박인환   아니, 아니, 6개월 이상 했어요(웃음).

안홍택   아, 그렇게 오래?

박인환   꽤 많이 했습니다.

안홍택   아, 그렇구나, 그러면은….

박인환   그거 배운 엄마들도 많죠. 열몇 명 배웠죠.

안홍택   아, 그렇구나. 그렇게 했죠. 그래서 그렇고 이제 DIY를 하면서 기계가 들어온 거예요.

박인환   (의자를 가리키며) 그때 만든 게 저겁니다. 저거, 저런 거.

안홍택   네, 맞아요, 저기 저 노란 거.

박인환   엄마들이 저렇게 만들었어요.

면담자   그렇군요. 보니까 최산이라고 하는 분도 계시던데 그분은 누구십니까?

안홍택   (웃으며) 우리, 우리 교회 목공방. 저희 이제, 저한테 배운 분인데 잘해요, 최산 씨라고.

박인환   아, 그 여자분 와서….

안홍택   남자. 남자가 최산도 있고 몇 분 있어요.

면담자   그러니까 두 분만 오시는 게 아니라 이를테면 고기교회의 (박인환 : 그렇죠) 목공방 활동을 하시는 분들도 같이 오셔서 활동하신 거군요.

안홍택   네, 와서.

박인환   그렇죠.

안홍택	가끔 이제.
박인환	최근에도 침대 하나 만들어놓고 갔고(웃음).
안홍택	네네. 민애리 씨라고.
면담자	이렇게 오시는 분들이 규모가 어느 정도 되나요?
안홍택	아니요, 많지 않고요.
면담자	많진 않고요.
안홍택	간혹 필요할 때.

박인환 목사님이 이제 도움을 청하신 거죠. (안홍택 : 네) 손이 딸리니까, 혼자 하시기가.

안홍택 기꺼이 와서, 고맙게.

박인환 대팻날 세우는 것도 목요일마다 모여서 한 달을 세웠거든요? 날, (안홍택 : 대패를) 대패를 사면 그냥 쓰는 게 아니고 딱 대팻날을 맞춰야 돼요. 숫돌에 갈아가지고 싹 해서 이 종잇장보다 대팻밥이 똑같이 얇게 나와서 활자가 비쳐져야 되거든요? 그걸 만들려면 한 달. 근데 목사님 혼자 그걸 다 하시는데 그런 과정에서 이제 좀 와서 옆에서 좀 조교 노릇도 하고 그러셨죠, 그분들이. (안홍택 : 네네)

면담자 그렇군요. 제가 보다가 궁금해서 여쭤봤습니다. 그래서 1기 때는 엄마, 아버지들이 모두 DIY를 배우셨고, 빨리 목공을 해보고 싶었는데 바로 장부맞춤을 하기에는 장비가 없으니까 (안홍

택 : 장비가 없으니까 못 했죠) 그렇게 해서 시작한 거고. 장비가 들어오고 나서 이제 2기가 되고 (안홍택 : 네네) 그때는 장부맞춤을 (안홍택 : 장부맞춤을, 네네) 하시게 된 거네요.

박인환   1기는 1기죠, 그죠? 장부맞춤이 1기인데 (안홍택 : 네, 네) DIY반은 그냥 반이고 장부맞춤은 1기죠, (안홍택 : 네네) 우리가. (면담자 : 아, 그렇게 되는군요) 네, 저를 포함해서(웃으며) 아버지들이.

면담자   네, 알겠습니다. 1기, 2기 이런 식으로 나뉘는 것으로 보아서 작년에 이제 아직 2018년 8월 당시에 구술하실 때는 3기가 아직 없다고 (안홍택 : 맞아요) 하셨는데 지금은 이제 3기가 있나요?

안홍택   이제 슬슬 시작을 해야 될 것 같아요.

박인환   이제는 유가족 가운데 원하는 사람, 또는 유가족 아니래도 일반인들 가운데 원하는 사람들.

면담자   유가족 아닌 분들 중에서도 모집을 하시나요?

박인환   네, 관심 있는 사람들 모집, 아마 이게 저 우리 개소식 끝나고 그래야지 모집이 될 것 같아요.

안홍택   그리고 이제는 제가 대패, 톱만 가르치고 나머지 장부맞춤은 이제 엄마, 아빠들이 가르치고요. 다 1급 [목공]지도자자격증을 갖추고 있거든요, 목사님도 그렇고(웃음). 네, 이제 다들 가르칠 수가 있죠.

박인환   그래서 이제 그 배우는 사람들한테는 돈을 받는 겁니다(일동 웃음).

면담자   그렇게 해서 뭐랄까 수익모델이 생기는 거네요, 말하자면.

박인환   아, 그럼요, 네.

안홍택   그렇게 될 수 있고. (박인환 : 그렇게 안 할 수도 있고) 배우러 오십쇼. 원하시면은 관심 있으면.

면담자   찾아보면서 관심이 생겼는데 (안홍택 : 아, 네) 그 오차를 허용하지 않는 목공의 특성에 과연 제가 맞을까(일동 웃음).

안홍택   잘할 수 있어요.

박인환   근데요, 그거 처음에 들을 때는 '그걸 어떻게 하나?' 하는데 하다 보면 누구나 할 수 있습니다, 네.

안홍택   왜냐하면, 전공이 인문이에요, 이공계에요?

면담자   아, 저는 역사학, 한국현대사 전공했습니다.

안홍택   아, 그렇구나. 네, 저도 이제 인문계인데 (웃으며) 그러니까 우린 오차 개념이 없잖아요, 이공계가 아니라. 그러니까 항상 이야기해요, "나 같은 사람도 한다, 수치에 무감한". 그래서 처음 배울 때는 아주 선생님한테 혼났어요. 개념이 없으니까, 수치에 개념이 없으니까(웃음). 우리는 개념이잖아요, 논리고. 아, 그래서 그거 접근하느라고 저도 애먹었죠. 그래서 누구든지 할 수 있습니다.

면담자   고가의 장비 지원을 많이 받아서 세팅이 됐다 말씀도 해주셨는데, 사실 그와 관련해서 추가로 더 여쭙고 싶은 게 초기 운영 구조랑 재원과 같은, 세팅되는 과정을 (안홍택 : 그건 박 목사님이) 정확하게 좀 알고 싶거든요.

박인환   아, 처음에 연장을 1761만 원[을] 목사님 보고 리스트를 뽑으라니까 (안홍택 : 기계, 기계) 목사님이 좀 마음이 약해서 좀 싼 거 (웃으며) 중국제 이런 것도 뽑고 이래서 1761만 원을 했는데 그걸로는 부족하단 말이죠. 그런데 이제 안산시장이 컨테이너 박스 두 개를 갖다 설치해 줬어요. 그러니까 좀 [컨테이너를] 띄워서 [설치]하니까 그사이에 천막을 쳐야 하는데 그게 견적을 내보니까 한 400만 원 드는데, 주일 오후 5시에 '찾아가는 예배'에 청파교회가 왔길래 "목공소 이제 시작할 거다" 현장에서 예배 끝나고 이렇게 설명을 하고 "이 천막이 필요하다" 그러니까 그 목사님이 같이 온 장로님한테 "장로님, 이거 우리 교회에서 해줍시다. 이거 얼마요?" 그래서 "400이요" 그랬더니 400[만 원]을 보내서 했고, 청파교회 김기석 목사, 세월호에 열심히 도운 교회고[요]. 〈비공개〉

　　[그리고 정동제일교회에] 제가 찾아갔어요. 찾아가니까 왜 왔는지 알더라고요. "아, 박 목사 미안한데, 내가 어떻게 하면 좋을까?" (웃으며) 그래서 "'찾아가는 예배' 한번 오세요. 그렇게 감리교의 상징적인 교횐데 이 정동교회가 한번 와서 예배를 드려라" 그랬더니 "오면서 그냥 빈손으로 갈 수 없으니까 뭘 하면 좋을까?" 그래서 그때 마침 DIY를 배우는 엄마들이 많아지고 그러니까 좀 연장들, 조그만 연장들이 한 400만 원어치가 필요했어요. "어, 연장 한 400만 원어치가 필요합니다" 그랬더니 참 재밌는 게, 교회는 고난주간에 일주일씩 금식해서 헌금들을 하거든. 그래서 가난한 이웃을 돕기도 하고

그러는데 그 교회 헌금이 몇천만 원이 모였는데, 어디 시골 교회 길 닦는 데 놔주고 400이 남은 게 있다는 거예요. 그걸 들고 왔어요, 그래서 그 연장이 해결되고.

그다음에 하다 보니까 연장이 좀 굵직굵직한 게 값나가는 게 필요한데, 예를 들어 밴드소. 한 1000만 원 가까이 나가는 건데 예장통합 (안홍택을 보며) 사회분가요? (안홍택 : 네) 거기서 이렇게 해오고, 그다음에 또 올해 들어서는 작년에 가져왔나요? 저기 올 초인가요? (안홍택 : 네) 예장통합에서 "세월호 예산 한 3000만 원 남은 거 어떻게 할까?" 그래서 "보내달라"고 그래서 거기서 트럭 한 대, (안홍택 : 트럭 한 대) 2000만 원 트럭 한 대, 그다음에 CNC[Computerized Numerical Control]라는 기계가 있어요, CNC. (안홍택 : 컴퓨터 제어) 네, 컴퓨터로 원판 이렇게 재단하는 건데, (안홍택 : 자르고 하고) 2000만 원짜리거든요. 그랬는데 1000만 원 모자라는 건 목공소가 가지고 있던 1000만 원 넣어가지고 그 큰 기계 두 개를 또 이렇게 해주고. 그리고 틈틈이 팔고 이렇게 모은 거 가지고 600만 원짜리 대패 그렇게 사셨죠? (안홍택 : 네, 하여튼 뭐) 목공소 돈 그래서 조금씩 모아놓은 거 이제 다 쓰고 이제 없죠(웃음).

안홍택   그리고 저쪽[분향소]에 있는 동안에 식사 같은 경우도 다 그렇게 했죠.

박인환   아, (안홍택 : 교회에서 지원해 준 걸로) 저기 있을 때는, 분향소에 있을 때는 점심은 먹어야 되잖아요. 예장통합 측에서 월 300만 원씩 그 식당, 그 기억나시나 모르겠네, 김익한 교수가 화요일마다 (안홍택 : 맞어, 맞어) 목요일마다 와서 밥 퍼줬는데.

면담자   '밥값식당' 말씀하시는 건가요?

박인환   네네, 밥값. (안홍택 : 네, 그때 컨테이너) 그거 예장통합
이 월 300씩 지원해서 한 거거든요. 거기서 우리가 밥을 (안홍택 : 먹
었었어요) 먹었고 그 식당이 없어진 다음에는 이제 시켜서 (안홍택 :
사 먹었지) 사 먹었죠.

안홍택   하여튼 그런 것들이 참 고맙더라고요.

박인환   그러니까 이제 목사님이나 저나 교단이 다르잖아요,
예장통합, 우린 감리교. 그런데 이렇게 우리 한국 교회가 130년 전
에 장로교, 감리교 선교사들 왔을 때는 이게 서로 참 교류가, 교파
따지지 않고 서로 돕고 잘했는데, 이게 어느 순간부터 교파 경쟁이
돼버렸단 말이에요. 그런데 적어도 안 목사님하고 저하고는 서로 자
기네 교단 낮내려고 하지 않고 이렇게 커뮤니케이션이 잘됩니다, 에
큐메니컬[ecumenical, 교파와 교회의 차이를 초월하여 결속하는 것]이 잘
돼요(웃음). 그런 것도 이제 그 목공방 엄마, 아버지들한테 좋게 비
쳐졌을 거예요, 아마.

면담자   그럼 장비를 사실 때를 제외하고는 판매 수익으로써
만 (박인환 : 네) 재원이 충당되는, (박인환 : 그렇죠) 그리고 굵직굵직
한 것들은 외부에서 이제 교회나 다른 곳에서 도움받으셨고요?

박인환   지금까지 그렇게 해왔는데 아시다시피 지금은… (안
홍택 : 없어, 이제) 없잖아요. (안홍택 : 자력갱생이지(웃음)) 교회마다

다 썼잖아요.

면담자   그러니까 이제 새로운 수익모델을 고민하시는 건가요?

박인환   벌어서, 벌어서 써야 됩니다, 벌어서.

안홍택   그래서 이제 포인트가 개소식에 있어요. (박인환 : 네) 그리고 고마운 거는 교단 차원에서 사회부 쪽에서 '행동대' 해가지고, 부르면 올 수 있는 교회가 한 20개 교회를 만들어놨더라고요. 그것도 뭐 중형 교회들이예요, 600명 이상 되는. 그래서 "빨리 개소식을 해라" 그러면 아마 팜플렛[팸플릿] 돌리고 뭐 하면은 그것으로 발판으로 해서 주문들이 들어오지 않겠나. 그러면 이제 그걸 발판으로 해서 하여튼 목공소가 잘 세워져 나가야 되지 않을까.

박인환   앞으로도 이제 조금 비싼 기계가 좀 필요하거든요. 예를 들어서 수평제재기라고, 이 통나무, 통나무가 길어야 제재소 가서 켤 수 있어요. 1.2미터가 안 되면은 걸리지가 않아서 제재소에서 그걸 켜질 못해요. [그동안] 우리가 손으로 체인톱으로 켰는데 수평제재기라는 건 그걸 켤 수 있는 거거든요. 그게 한 800만 원 들더라고요. 근데 그런 거를 참… 이게 어디 가서 '아, 이거 필요하니까 좀 모금 좀 하자' 그러고 제가 나서면 마련할 수는 있어요. 근데 자칫 '세월호를 빌미로 목사가 모금하러 다닌다' 이거 어떻게 생각할지 모르잖아요. 그래서 그런 걸 못 하는 거죠. 그래서 제가 지금… 어쨌든 제가 별명이 영업상무 (안홍택 : 영업이사(웃음)) 제가 여태까지 이렇게 해가지고 (안홍택 : 난 기술이사(웃음)) 영업을 하니까 영업 수당을 준다는 거예요. 그래서 "20프로 드릴까요? 10프로 드릴까요?" 그래서 "아니, 날 20프로 주면 뭐 남냐? 5프로만 다오" 그랬더니 100만 원을 제 통장으로 송금했더라고. (안홍택을 보며) 5프로면 더 많아야 되는데(일동 웃음). 그래서 제가 그랬어요. "아, 그럼 내가 이 800만 원짜리 수평제재기를 이거 모아서 살 테니까, 하여간 내가 연결해서 판매한 건 5프로 정확하게 보내라. 그런데 이거 800만 원 만들려면 몇억 팔아야 되냐?" (일동 웃으며) 그래서 "열심히 만들라"고 그랬죠. 그래서 그렇게 하나하나 해가는 게 건강하지, 제가 뭐 돈 많은 장로라도 해서 이렇게 긁어서 가져올 수는 있는데 그런 거는 좀 조심스러워서, 이렇게. 누가 그냥 알아서 척 갖다준다면 고맙게 받겠지만 이제⋯ '세월호를 빌미로 해서 어디 가서 모금을 한다'[는 말이 나올 수 있어서]. 제가 작년에 부르더호프 갈 때도 모금을 좀 했거든요. 이번에 4·16합창단도 제가 이렇게 미국에 우리 후배 목사들로 해서 보내는데, 고것만 쪼금 모금하고 이젠 안 할라고 그래요. "목공소는 이제 돈 벌어서 연장도 또 사고 월급도 주고 자력갱생하자".

안홍택   후원할 생각도 하고 있어요. 수익의 일부를 이제 우리가 어쨌든 생명 안전을 위해서, 아이들 엄마, 아빠들이니까 청소년들을 위한 어떤 문화나 어떤 생활에 대한 후원이나 지원, 그런 것들을 생각을 하죠. 많이 벌어야 돼요, (일동 웃으며) 이제 프로의 정신을 가지고.

7

부르더호프 공동체 방문 경험

면담자　　아까 이야기가 나온 김에 좀 여쭤보고 싶은 게 부르더호프 공동체 방문에 관한 건데요. 어떤 경위로 이걸 추진하시게 됐는지, 왜 유가족들과 함께 가시기로 결심하셨는지 궁금합니다.

박인환　　모든 역사가 가만 보니까 작은 것으로부터 (웃으며) 시작되더라고요. 우리 그 경기, 제가 속한 경기연회, 장로교로 말하면 노회 이런 건데, 경기연회에 좀 개혁적인 목사 그룹이 있어요. 거기 가서 세미나를 하고 밥을 먹는데, 저는 가는 곳마다 세월호, 세월호 목공소 (웃으며) 이 이야기가 먼저 나오거든요. 그랬더니 후배 하나가 자기가 작년에 부르더호프 공동체라는 (안홍택 : 박영훈 목사님?) 네, 안 목사님도 아는 목산데 박영훈 목사라는 사람이 "그 부르더호프 공동체가 목공공동체인데 재세례파들", 교회사에 보면 나오는, "재세례파 후예들이 모여 사는 공동체인데 거기 가면 감동받을 거"라고. 목공소라니까 뭐 거기를 "엄마, 아빠들 한번 모시고 가보라"고 그래요. 그러니까 탁 감이 오는 거예요.

　　그래서 이제 청파교회 목사가 "고 며칠 전에 갔다 왔다"고 그래서 내가 청파교회 목사한테 전화를 했더니 "갈 수 있으면 가보십시오. 굉장히 도움이 될 겁니다" 그래서, 무조건 그러면 거기, 부르더호프에 있는 한국인 공동체원이 하나 있어요. 그 사람하고 연락을 해서 "우리가 이렇게 가려니까 호스트해 줄 수 있겠냐?" 그랬더니, 한두 달 지나서 "해주겠다"(웃음) 연락이 왔어요. 그래 가지고 이제

"우리가 가는 데 경비가 얼마나 드냐?"니까 자기들은 "돈 안 받는다" 그냥 와서 (안홍택을 보며) 우리가 2박 했습니까, 1박 했습니까? 2박 했죠? (안홍택 : 2박 했죠) 최대한 "맥시멈 2박 3일이다. 우리 다 각 가정이 있으니까 가정에 자기들 사생활이 너무 과도하게 침해받지 않게 2박 3일이다" 그렇게 돼서 하는데, 이제 문제는 돈이잖아요. 그래서 "가족들 그냥 비행기표 반값만 내라" 그래서 50만 원만 내고, 우리가 비행기표를 미리 끊어서 싸게 끊었어요, 한 103만 원 이렇게. 50만 원씩만 내고 나머지는 이렇게 그동안에 판매가 된 조금 돈도 있고, 제가 좀 이렇게 모금을 했죠. 그래서 600만 원을 모금해 줬는데 부르더호프 공동체 가는 김에 미국에 있는 '세사모' 이런 사람들도 만나고 UMC 교회들에 가서 같이 그 증언? (안홍택 : 가서 이야기 나누는) 그런 모임 [갖고 했었지요].

안홍택 그게 너무 좋았어요, 정말

박인환 보스턴, 뉴욕, 또 (안홍택 : 필라델피아) 워싱턴, 필라델피아 네 곳에를 갔는데 (안홍택 : 아, 가는 곳마다) 가는 곳마다 해서 이 검은 머리 한국인이, 한국에 있는 한국 목사들하고 미국에 있는 한국 목사들하고 다르더라고(웃음). 굉장히 가는 곳마다 정말 환대받고, 제가 600만 원 모금해 주고 조금 돈 가지고 갔는데, 우리가 거기서 이리저리 도네이션도 하고 돈 쓸 거 썼어요. 그런데 800만 원을 가지고 왔어요, 8000불을. 그러니까 가는 곳마다 해서 이렇게 모금도 해주고, (안홍택 : 아, 너무 좋았어) 또 우리가 가져간 촛대도 사주고, 그래서 그 돈이 이제 목공소 그거 하는 데 또 잘 쓰여졌죠. 그러니까 그 이야기는 그냥 제가 '아, 그렇구나' 하고 그냥 지나쳤다면 [없었을 일인데] 그리고 지나쳐 버리지 않았다는 거하고, 또 하나는 아홉 명이 10박 하려면 몇천만 원인데, 돈이 문제인데 엄두를 냈다는 것.

그래서 안 목사님한테 첫 번째로 "제가 이런 생각을 가지고 있는데 어떻습니까?" 그러니까 "아휴, 그거 좋겠다"고 또 목사님이 독려해 주시니까 그렇게 했는데, 결과적으로는 거기 부르더호프 갔다 온게 목공소… 안 목사님이나 저나 앞으로 이 사람들이 생업으로 못 돌아가니까 여기서 먹고살 수 있는 일을 마련해야 된다는 게 공통적인 생각이었거든요. 근데 거기 갔다 온 것으로 인해서 막연하던 이런 것을 이 사람들이 구체적으로 꿈을 꾸기 시작하고, 목공소가 이렇게 잘 조직이 되고 하는 데 밑바탕이 된 거지요.

안흥택   부르더호프는 영국에도 있거든요. 영국의 부르더호프에서 만들어내는 가구가 주로 이제 장애인 가구하고 어린이 가구예요. 근데 영국의 7, 80프로를 소화한대요. 미국은 그 엄청 크잖아요, 나라가. 그런데도 장애인하고 어린아이 가구의 10프로를 그 공장에서 만들어내는 거예요. 그래서 우리가 가서 [인상적이었던 게], 그 공장이 시스템화돼 있어요. 그래서 어떤 사람은 뭐 빼빠질[대패질] 하는 데, 어떤 이는 나사 박는 데, 뭐 어떤 데는 조립하는 데 또 도색하는 덴데, 참 놀라운 것은 누가 가더래도 그 시스템 안에 들어가서 자기 일을 할 수 있어요, 장애인, 팔십 먹은 노인네도. 그러니 얼마나…. 공동체적인 정신을 가지고 기업이 돌아가는 거죠. 그거는 아마 우리 아빠, 엄마들이 기억에 아주 인상적으로 박혔을 것 같고…. 저는 참 고마웠던 거는 엄마, 아빠들이 사실은 여기서는 마음껏 웃고 마음껏 울지를 못 해요, 사람들이 있어서. [그런데 미국에] 가서 마음껏 웃고, 노래방에서 노래도 하고, 술도 먹고 푹 취해보고…. 그 이후로는 못 할 거예요, 전부들, 다 깔깔대고 웃고. 아, 그 기억은 [잊지 못할 겁니다].

박인환   저기… (웃으며) 술 먹고 노래방에서, 이게 누구 집이냐 하면 그 플러싱교회 장로님 집이에요. 그 장로님이 갑부야, 갑부. (안홍택 : 아, 그랬구나) 미국의 4대 생명 솔로몬생명이라고 재계 4위, 생명보험회사 4위 회장인데, 한국 사람이에요. 이 사람이 큰 집을, 근데 일곱 명을 다 [데려갔어요]. 목사들은 (안홍택 : 교회에서 자고) 저기 교회에서 자고, 거기 롱아일랜드 부촌에 아주 부잣집 거기다 일곱 명을 데려다 놓고 1000불짜리 그 와인, (웃으며) "이거 1000불짜리인데 같이 먹읍시다". 이게 그 장로 내외도 그 딸을, 딸인가? 딸을 하나 (안홍택 : 잃었대요) 잃은 아픔이 있고 그러니까 좀 더 공감을 했겠죠. 그러니까 매일 와인 마시면서 집에 노래방에서 노래 부르고 (웃으며) (안홍택 : 신나게 노래 부르고) 그러니까 (안홍택 : 위로를 받지) 네, 아주 뭐 사람들 잘 만난 거죠.

안홍택   그 누구야, 민수 엄마는 처음 나가는 거였대요, 여태까지 3년 동안. (면담자 : 해외에요?) 아니, 바깥에 놀러 간다는 거를 못 해봤대요, 한 번도. 그런데 이번에 가서 한번 놀러 간 거죠.

박인환   안산 바깥에 처음 나간 거죠, 안산 바깥에.

안홍택   "바다도 못 간다" 그랬잖아요.

박인환 　　안산 바깥을. (안홍택 : 처음 간 거예요) 아, 그게 뭐냐면 둘째 날, 부르더호프 둘째 날에 그 저한테 한국인 형제가 "목사님, 여기 우리 공동체 형제들이 세월호 이야기를 듣고, 이 엄마, 아빠들한테 그 아이들 이야기를 좀 듣고 싶어 한다"고 그래서 제가 방장한테 물어봤죠, 미지 아빠한테. 그러니까 "아휴, 좋다"고 그러더니 조금 있다 "애들 사진을 구할 수 있냐?"고 [하길래] 핸드폰에 다 있으니까 사진을 이렇게 보내줬어요. 그랬더니 그날 저녁에 이제, 저녁 먹고 다 공동체 예배를 300명이 다 모여요. 공동체 예배를 드리는 날인데, 갔더니 통로가 이렇게 둥그런 홀에 통로가 여러 개가 있어요. 가운데 원형 테이블에다가 아이들 (안홍택 : 사진을) 사진 쫙 빼놓고, 그 액자에 넣고 거기다 이름까지 딱 해가지고 초 하나씩 일곱 개를 딱 했는데, 그 광경이 어휴, 이게 이게 감동적인 거예요.

　　그래서 아버지, 엄마들이 아이들 얘기를 이제 하는데, 통역이 누구냐면 부르더호프 공동체의 (안홍택 : 창립자의 손자) 창립자, 독일인인데 독일인 손자예요. 오리지널 독일인인데 이 친구가 필라델피아인가 거기서 멀리서 일부러 여기 "세월호 가족들이 왔다"는 소리를 듣고 일부러 왔어. 왔는데 이 친구가 한국말을 듣고 영어로 통역을 하는 거예요. "아니 어떻게 된 거냐?" 그랬더니 자기가 한국말을 (안홍택 : 셀프로) 박성훈 형제한테, 그 사람한테 가 갸 거 겨 조금 기초만 배우고 혼자서… (안홍택 : 혼자서 했대. 아 대단하더라고, 그 사람) 독학을 해가지고 통역을 하는 거예요. 그래서 제가 이렇게 통역을 하는 걸 옆에서 들어보니까 한국말 어려운 것도 다 알아듣고 통역을 하는 거예요. 아, 너무나 감동적인 거예요.

그래서 이제 중간에 민정이 아빠 같은 경우는 얘기하다가 자기 차례가 되니까 (안홍택 웃음) '컥컥' 하면서 눈물을 쭐쭐 짜면서 바깥으로 나가는데 곧 죽을 거 같애. 그래서 나가보니까 그 팽목항에서 자기 아이가 158번[105번째]인가 나왔는데 그때 나온 아이들을 다 자기가 봤대. 그게 지옥이었는데 그게 생각이 나서 30분을 숨을 못 쉬고 '컥컥'거리는 거예요. 그런데 이제 다 끝나고 이 사람들이 그 자리를 떠나질 않아요. 그리고 그냥 가족들 찾아와서 그냥 막 (끌어안는 자세로) 그러니까, 아니 백인들이 그러니까 이 엄마, 아버지들은 도대체 이 사람들은 어디서 온 사람들인가 (웃으며) 이렇게 된 거죠. 저도 생각하지 못했던 (안홍택 : 네) 그런 배려, 우리가 뭐라고 제안한 것도 아닌데 자기들이 (안홍택 : 그렇죠) "좀 듣고 싶다" 그리고 한 2시간 이상 했어요, 그거를.

안홍택   그리고 처음에 세월호 사건에 대해서는 알긴 아는 거같더라고요. 그런데 그냥 '아, 그렇구나' 정도였어요. 그런데 하룻밤이제 다 흩어져서 묵었잖아요. 그러니까 각자 손짓, 발짓 해서 얘길들었죠. 그다음 날 그 일이 만들어진 거예요. 막 "사진 달라"[고 해서]자기네끼리 공동체 자체적으로, 그러니까 그 공동체는 위에서 아래로 내려오는 게 아니라 의견이 수렴이 되면 그게 그냥 바로 되는데, 그 짧은 시간에 그게 만들어진 거예요. 전 깜짝 놀랐고, 그러니까 세월호 사건이 어떤 사건이라는 것을 가족들 통해서 알고 나서는 그사람들이 우리를 대하는 눈빛이 확 달라지더라고요. 아, 그래서⋯구체적인 것을 알고 나서부터는 정말 어떻게든지 해주려고, 함께해주려고 하고 그러는 걸 보면서 크게 위로가 됐어요.

박인환   제가 들은 이야기가 있는데 인상 깊은데 어떤 할머니가 그래요, "이 사람들을 여기 데려와 줘서 고맙다" 저한테. (안홍택 : 응, 그렇게 얘길 해요) 네. 그리고 아… 그 몇 가지 얘길 하더라고(웃음).

안홍택   그리고 보스턴, 필라델피아, 뉴욕, 워싱턴에서도 그 '세사모'들이 정말… 시찬 아빠 같은 경우는 (웃으며) 그때 한번 아파 가지고 그 중환자실까지 갔는데 그걸 밤새 간호해 주고….

박인환   2박 3일간, 24시간 교대로.

안홍택   그리고 오누이 관계도 맺고 할 정도로, 아 그런….

박인환   워싱턴 못 갔어요, 시찬이 아빠는.

면담자   확실히 특별한 경험이셨을 것 같아요.

안홍택   아, 그럼요. 그 곳곳마다 그냥 말로 하는 게 아니라…. 한번은, 어떤 분은 그런 얘길 하더라고요. "먹을 때 먹으시라. 먹을 때 먹고 울 때 울고 웃을 때 웃어라. 부디 그렇게 해달라" 그러면서 자기도 "그런 아픔이 있다"고 그러면서 하는데, 하여튼 뭐… 정말 위로를 받았어요.

박인환   우리가 처음에 갔을 때 뉴욕에서, 뉴욕 교민회관에서 간담회를 하기로 했어요. 다 김정호 목사가 다 어레인지[arrange, 준비]해 놨는데, 도착하는 날 점심을 먹는데 그러는 거예요. "거기서 리젝트[reject, 거부]당했다고 못 한다"고. (안홍택 : 응, 응) 그러니까 교민회 회장단들이 (안홍택 : 골수분자들) 다 이건 뭐 [19]70년대에 간 사람은 70년대 한국인이고 다 그렇잖아요? 전체를 호스트하는 김정호 목사가 사방팔방으로 방을 돌리더라고요. "야! 더 많이 모이자. 총동원하자" 그래 가지고 퀸스대학, 퀸스대학이라는 데 거기 강당을 빌려서 했죠. 그런데 거기 한 3, 400명 이렇게 모였죠. 하여간 뉴욕에서 생각 있는 사람들은 다 모였죠. 그러니까 미국도 태극기부대가 (웃으며) 있더라고.

안홍택   아, 그런데 감동적인 분들이 많더라고. 그 누구죠, 필라델피아인가? 거기서 수염 난 목사는 지금도 매주 토요일 날 (박인환 : 아, 아아) 그 앞에서….

박인환   그러니까 보스턴에 (안홍택 : 보스턴이에요, 보스턴) 그 안신영 목사라고 이 사람이 제가 가기 전에 "아휴, 빨리 만나보고 싶다"는 거예요. 모르는 사람인데, "빨리 만나보고 싶다"고, "열심히 여기서 준비하겠다"고 그러고. 모르는 사람이에요, 여기 서강대인가 나오고 미국 가서 안수를, 미국 가서 목사 된 사람인데 그 사람이 이제 보스턴 모임에서는 사회를 하고 이제 다 했는데[요]. 보니까 세월호 참사가 있는 그 주간부터 그때까지 보스턴, 아니 저 어디야, 하버드 스퀘어라고 하버드 대학 정문 앞에 좀 비켜서 버스 스톱이 있어요. 거기서 1인 피켓 시위를 토요일마다 한 거야. (안홍택 : 시위하고 있었어. (웃음)) 그 노숙자들 돌보는 일을 하고, 토요일마다 목사가 한 주도 빠짐없이 한 거예요. 그리고 거기서 뉴욕으로 올 때 "자기네 교회 앞을 꼭 지나달라"고, "보여줄 게 있다"고 그래서, 가다 보니까 자기네 교회 주차장에다가 (안홍택 : 노란 리본 (웃음)) 304명의 노란 리본 이름을 다 붙여놓은 거야. (안홍택 : 교회 앞, 도로 위에다) 4년간 그게 휘날린 거야. 그래서 각자 자기 아이들 이름 찾느라고 그걸 막 찾고 사진 찍고 그랬죠.

안홍택 　　근데 수연 아빠 그 리본이 없는 거야. "어, 내 건 왜 없지?" 그러니까 목사가 기겁을 하고 "아니에요, 있을 거예요" 그러면서 뛰어 올라가서 리본 찾아가지고 "아, 여기 있네, 여기 있네" (웃으며) 그랬던 에피소드도 있고. 아, 그 목사님도 참 젊으신데 아, 대단하세요.

박인환 　　그러니까 참 우리가 모르는 (안홍택 : 정말) 좋은 사람들이 많더라고요.

안홍택 　　네. 곳곳에 4·16을 끝까지 가지고 갈려고 하는 움직임들을 보고, 아, 그러니까 함께해 주는 사람들이 그것도 이제 크리스천들이, [엄마, 아빠들이] 다들 이제는 교회를 나왔는데 그렇게 해주는 거를 보고 '아, 이런 교회가 있다[고 느꼈을 거예요]. 네, 거기서 하여튼 뭐 참 귀한 일정이었어요. 나는 이 부르더호프 정말 난… 그게 가능하지가 않아요, 일단 경비 문제가 있으니까.

면담자 　　생각지도 못하셨군요?

안홍택 　　저는, 저는 이제 종교언어로 치면 축복이에요, 저는. 제가 소망, 가고 싶었던 곳이에요, 부르더호프를.

박인환 　　저는 부르더호프가 있는 줄도 몰랐어요(웃음).

안홍택 　　(웃으며) 나는 그 이야기 딱 듣고 '야, 가면 정말 이건 축복이다'.

면담자   아, 예전부터 생각을 하셨넌?

안홍택   로망. 네, 로망이었어요.

박인환   목사님은 부르더호프 공동체를 알고 있었고요, 저는 모르고 있었고(웃음).

안홍택   그런데 '설마 될까?' 설마 그랬는데, 처음에 박영훈 그 다음에 청파교회, (박인환 : 네네) 또 그러더니만 그 누구예요? (박인환 : 박성훈) 네. 그리고 그 교회, 그 교회 플러싱교회, (박인환 : 네) 그 분이 더…. 그렇게 막 하나하나씩 연결이 되더니 "진짜 가자"고 그러는 거예요. 나 진짜 깜짝 놀랐다니까.

박인환   경비가 상당, 우리가 우리 돈 다 가져갔으면 몇천만 원인데 (안홍택 : 아, 그럼요) 1인당 4, 500은 들었을 거 아니겠어요? 근데 미국에 있는 우리 후배 목사한테, UMC 목사한테 전화를 했더니 플러싱교회 김 목사한테, 아니 한인교회에서 제일 커요, 뉴욕에서, "그 목사님한테 좀 얘기를 해보겠다"고. 근데 김찬국 목사는 여기 미국에 있으면서 저 평양에 무슨 일로 갔다가 이리 와가지고 여기 예배실에서 『성경』 공부하는 엄마들한테, 뭐냐 그 평양 과자도 주고 성금도 100만 원 주고 가고 그런 목산데, 그 "어떻게 하면 좋겠냐?" 그랬더니 "그 목사한테 한번 연락해 보겠습니다" 하더니 그 목사하고 얼굴만 [알고] 친분이 없었거든. 근데 이메일주소를 가르쳐주면서 서로 한번 해보라고 그랬더니 "아, 박 목사님 그냥 오기만 하면 제가 편하게, 오기만 하면 제가 여기선 책임지겠습니다" 그래서 안 믿었죠. 그런데 중간에 한국에 일이 있어서 (안홍택 : 왔어) 나오는데 만났더니 (안흥택 : 참) "그냥 편히 오시면 미국서는 책임지겠습니다" [고 하시더라고요]. 그렇지만 그래도 믿을 수가 있나(웃음). 그래서 돈을 모금을 한 거죠. 근데 가보니까 점심 먹고 커피는 누구, 뭐 이것까지 다 해놓은 거예요. 처음부터 끝까지, 뭐 돈 쓸 일이 없었어요. 그래서 그 교회에다 헌금하고, 부르더호프 공동체가 그 도네이션 박스가 있던 걸 없애버렸대요. 자발적으로 숙박비 내고 (안흥택 : 숙박비) 가는 게 있었는데, 그거 없애버렸더라고.

면담자 　　　거기 방문하시는 동안에요?

박인환 　　　네, 네. 그래서 우리가 거기다가 적지만 300불[을] "그래도 이건 해야 된다"고 드리고 오고, 그렇게 다니면서 그렇게 쓰고도 8000불을 (안흥택 웃음) 남겨 왔죠.

안흥택 　　　아휴, 정말 꿈같아요. 그… 정말 그게 어떻게 가능했을까…. 처음에는 툭 던진 말에 '그거 뭐 가면 좋고' 그런데 이상하게 진짜로 메일이 오고 가고 그러더니만 거기 있던 목사님이 오고 그러면서 구체적으로 되면서 "비행기표 끊으세요" 이렇게 되는데 내가 깜짝 놀래가지고(웃음).

박인환 　　　그러니까 우리는 비행기표만 끊어 간 거죠, 네.

안흥택 　　　아, 정말….

면담자 　　　네. 그 부르더호프 공동체에 대해서 좀 궁금한 게 많았는데 충분히 이야기를 해주셔 가지고 도움이 굉장히 많이 된 것 같습니다. 저희가 한 5분 정도만 좀 쉬었다가 (안흥택 : 또 해야 돼요?

(웃음)) 상세 질문을 (안홍택 : 네네) 또 몇 가지 체크해야 될 게….

박인환   얘기를 좀 짧게 짧게 대답을 해야겠네(웃음).

면담자   제가 그렇게 좀 부탁드리려고요. 5분만 쉬겠습니다.

안홍택   이야기가 자꾸 길어져(웃음).

(잠시 중지)

8
목공방과 가협과의 관계

면담자   목공소가 꽃빛공원으로 이전을 했고 또 협동조합이 만들어지게 됐는데요. 협동조합이 만들어지게 되는 과정 그리고 그 이전과 이후 가협과의 관계에서 변화가 있었는지 혹은 그 과정에서 가협에서 어떠한 시선으로 목공방을 바라보았는지, 그 과정에서 두 분 목사님은 어떤 걸 느끼셨는지 설명 부탁드립니다.

안홍택   잘은 난 모르겠는데, 보면은 절차를, 절차상의 것들을 하나씩 얘기를 하면은 뭐 적극적으로… 인정해 줬던 거 같아요, 거기에 대해서. 그러니까 예를 들어서 이전하는 것, 공간 이전할 때 그 공간을 안산시에 얘기할 때도 재단에서 그렇죠? (박인환을 보며) 적극적으로 얘기해 주고 그래서…. 재단과의 관계는 아주 좋은 거 같아요.

박인환   아니, 4·16가족협의회?

면담자   네, 가족협의회.

안홍택   가족협의회도 뭐….

박인환   아니, 협의회가 적극적으로 협조했던 것 같고, 다만 이 목공소에 나오는 아버지들이 지금은 시찬이 아버지가 안 나오는데, 시찬이 아버지가 중간에 이제 역할을 좀 한 거 같고. (안홍택 : 응, 했죠) 그리고 미지 아버지나 이런 사람들은 나긋나긋 순하고 착하기만 하고, (안홍택 : 행정적으로 잘 못해(웃음)) 행정적인 걸 잘 못해요. 그러니까, 그래서 이제 그 시찬이 아버지가 또릿또릿해서 중간에서 잘 역할을 했고…. 〈비공개〉

안홍택   네. 그리고 그 에피소드가 하나 있는데, 꽃빛공원이 어떤 공간인지를 아세요, 혹시?

면담자   그 1차 구술 때 이제 잠깐 말씀은 하셨지만, 처음에 아이들이 이제….

안홍택   맞아요, 그 공간이었어요.

면담자   그때는 이제 그 공간이었고 주소도 공교롭게 416번지였나요? 그래서….

안홍택   아, 아시는구나. 그래서 처음에는 아빠들이, 엄마들이 이렇게 시큰둥했어요. 근데 나는 "현장에 같이 가보자" 그래서 갔을 때 "너무 좋네" 그랬는데, 다들 아무 말들을 안 해. 그런데 그 사연을 이야기를 하더라고, "여기가 처음에 시에서 납골하겠다고 요 자리를 준다고 그랬던 자리였다"고. (박인환 : 아주 좋은 자린데) '아, 이거 너무했구나' 싶더라고요. 그런 에피소드가 있었어요.

면담자　　　　그렇군요. 그 협동조합을 만든다고 할 때도 아까 전에 말씀해 주셨지만 어머님들 공방은 결국 협동조합 모델로 지금 나아가지 않았던 반면에 목공방은 협동조합으로 나가겠다고 선택한 거잖아요? 말하자면 선택이 갈리게 된 건데요.

박인환　　　　그때 약간 갈등 같은 게 있었던 거 같애요, 엄마공방하고.

안홍택　　　　그런 거 잘 몰라요.

박인환　　　　네. 잘 모르는데 '엄마공방'이 그 공방 아래 여기, 저기 뭐 "목공소가 4·16 이 아래 있는 거 아니냐?" 그런 식으로 얘기가 오고 가고. 뭐 오해인지 모르지만, 그래서 이쪽에서도 그 뭐 좀 "그 무슨 소리냐?" 그러고 좀 옥신각신했던 기억은 있는데, 자세한 건 몰라요.

안홍택　　　　그러니까 공방이, 공방이라는 개념 아래 목공소도 들어가고 뭐도 들어가는데, 왜 그렇게 했지? 목공소는 목공소고 '엄마공방'은 공방인데 공방 안에 목공소가…, 그래서 시스템이 이렇게 하이어라키[hierarchy: 조직 내의 상하 관계]식으로 되어 있는 구조를 이렇게 얘기하더라고요. 그래서 '어, 이게 뭐지?' [하고 생각했어요]. 그런데 사실은 목공, 아빠들이 착하니까 그냥 그러려니 하고 하다가 나중에 보니까 아빠들도 그걸 원치 않았던 것 같애요. 그게 합의가 되고 돼야 되는데 전혀… 그런 상황 안에서 뭐…. 그래서 [네이버]밴드도 있어요, 목공방이라고. 목공방이 아니라 4·16공방, (박인환 : 응) 4·16공방이라는 밴드가 있어요. 근데 명실상부하죠, 그러니까

네. 그랬던 기억이 있고 그리고 처음에 우리는, 아 그 얘길 해도 되나? 처음에 우리는, 처음에는 사회적기업에 대한 관심이 있었어요. 그래서 부천에 있는 사회적기업을, 부천 지역의 사회적기업을 하고 있는 목사님한테 강의도 들었고, 안산시 사회적기업 그 지도소인가 거기 가서도 우리가 상담도 받고 하고 그랬는데. 결국은 '시작은 협동조합으로 가는 것 같다' 그래서 거기 배우고, 뭔가를 시작해야 된대, 사회적기업을 할려면. 그렇다면 '협동조합으로 이런 출발을 하자' 이렇게 해서 시작이 됐죠, 그렇게 시작이 됐어요.

박인환 　　　그래서 우리 연장이 다 기부받은 거잖아요, 교회에서. 그거를 (안홍택: 그렇지) 가협의 재산으로 돼 있단 말이죠. (안홍택: 돼 있어요) 그래서 아주 다 돈 주고 샀습니다, 나가면서.

안홍택 　　　그래서 중고, 중고 값으로.

박인환 　　　아주 깨끗하게. 중고 값, 감가상각비 계산해서 아주 값을 제대로.

안홍택 　　　3분의 2 가격으로 산 거 같애요.

박인환 　　　네, 다 쳐주고.

안홍택 　　　그러니까 돈 많이 들었죠.

박인환 　　　시중에서 사는 것보다 더 비싸게(웃음).

안홍택 　　　그거, 그거 안 샀으면 꽤 그래도 (박인환: 그렇죠) 재정적으로 [여유가 있었을 텐데] 근데 한 2000 이상 나갔죠? 2000 정도 나가지 않았나, 1000만 원 정도 나갔나?

박인환   글쎄요. 모르겠어요.

면담자   엄마공방의 재정과도 이제 분리가 되어 있고, (박인환 : 그렇죠) 나아가서 협동조합으로 만들어지는 과정에서 유가족의 여러 단위들과도 재정적으로 분리했다(박인환 : 그렇죠)라는 것을 말씀해 주시는 건데요, (안홍택 : 그렇죠) 지금. 그렇게 분리되는 것에는 유가족들의 뜻이 최우선적으로 작용했던 것인가요?

박인환, 안홍택   그럼요.

안홍택   그때 왜, 왜 그러면은, 저는, 우린 그랬어요, 처음부터. "가족협의회에 들어가라. 왜 따로 나오냐?"고 그랬어요, 저는. (면담자 : 오히려?) 네네. 왜냐하면 총회에서도 그렇고 재정지원을 하는데 가협을 통해서 공식적인 어떤 단체를 통해서 있고, 그래야 총회에서도 그러한 공식적인 지원을 한다고 하는 인식이 있는데, 목공소만 뚝 떨어져 나오면 이게 개별적인 단체거든요, 사실은? 그렇잖아요. 가협하고 지금 떨어져[서], 공식적으로. 그러니까는 "이 모양새가 안 좋지 않으냐?" 그랬는데, 아빠들은 "떨어져 나가야 된다" 이렇게 얘길 하더라고요. 그래서 처음에는 '왜? 같이 움직이고 같이 안에서 활동해야 되는데?' [하고 생각했지만], "그렇게 한다"고 그래서 결국 떨어져 나왔고. 그렇다고 뭐 가족협의회하고 어떤 관계가 나쁘진 않아요, 정말 좋아요. 항상 보면은 왔다 갔다 하고 (박인환 : 그렇죠) 도와주고 뭐 물건 필요하면 만들어주고 그런 관계인 거 같아요.

면담자   물론 또 가족협의회의 일원이시기도 할 테니까요.

박인환   그렇죠.

안홍택   네, 그럼요.

〈비공개〉

9
협동조합 구상 및 진행

면담자   그럼 협동조합 제안 자체는 유가족, 지금 목공방에 참여하시는 분들에 의해서 자발적으로 이야기가 나온 것으로 봐야 될까요?

박인환   아니, (안홍택을 보며) 우리 목사들의 입에서 나온 거 아니겠어요?

안홍택   모르겠어, 난(웃음). 하여튼 그냥 뭐 같이, 어쨌든 살아야 되니까 먹고살아야 되니까.

박인환   하여간 저기….

면담자   사회적기업이라는 것을 애초에 생각하시고 (박인환, 안홍택 : 아, 네네) 그런 이야기가 나오는 과정에서 협동조합이라는 모델이 전달된 건가요?

박인환   그 얘기는 이제 우리들하고 가족들하고 같이, 항상 같이 목요일마다 회의를 하니까 그때… 나왔지요. 하다 보니까 "사회적기업 하면은 그 간섭받아야 되고, 정부 돈 받으니까 (안홍택 : 정부 돈이니까) 차라리 협동조합이 편하다" 이런 얘기가 나와서 방향을 돌려서 또….

안홍택   그리고 또 사회적기업을 할려면 일단은 기업 형태가 되어야 돼요, 개별 개인기업이든지 뭐든지. '그렇다면 협동조합을 시작하자. 그리고 나서 만약에 필요하다면…', 그렇게 된 거 같아요.

면담자   그러면 아까 말씀해 주시기로는 차후에는 사회적기업으로 갈 수도 있다는 뉘앙스의 말씀을 해주시기는 했는데요.

안홍택   근데 안 갈 거 같은데(웃음).

박인환   아니, 아니에요.

면담자   그렇진 않습니까?

박인환   네네.

안홍택   (웃으며) 안 갈 것 같애요.

면담자   현재의 협동조합 형태에 두루 만족하시는가 보군요.

안홍택   네네, 지금 느낌은 그래요. 근데 뭐 가족들이 '가자'면 가는 거죠.

면담자   협동조합을 하면서 고유의 수익모델을 생각하게 되고, 지속 가능한 공동체를 꾸려나가기 위한 구체적인 형태로 협동조합이 이제 가시화되고 현실화된 건데요. 그것과 함께 또한 고민하셨던 게 협동조합에서 행하는 공익사업, 아까 전에도 말씀하셨지만 청소년들에 대한, 생명 안전에 대한 문제들 이런 것도 이야기해 주셨는데요. 이런 공익사업에 대한 형태는 그러면 생각은 계속되다가 올해부터 구체적으로 시작이 된 건가요? 어떤 식으로 지금 이야기가 시작됐고 실제 어떤 활동들이 전개됐는지에 대해서 좀 말씀을 해주시겠습니까?

안홍택 　　　구체적인 건 없구요. 그냥 사회적기업 할 때부터 (면담자 : 네) 우리 이익 창출되면 당연히.

박인환 　　　막연하게 '우리가 좀 그렇게 좀 하자' 이렇게 (안홍택 : 도네이션을 한다는 거죠. 그 개념이에요) 말을 모아오고 있었죠, 지금까지.

안홍택 　　　네, 그리고 당연히 그것이 마땅하고. 왜냐하면 엄마, 아빠들은 아이들 평생을 지고 가기 때문에 그렇게 안 할 수가 없어요. 그것이 너무 당연하고 그래서 그건 너무 당연한 거 같고.

면담자 　　　아, 그럼 아직까지는 이렇게 (안홍택 : 네네, 아직) 지원이 현실화되지는….

박인환 　　　아 뭐, 수입도 없는데, 지금 수입도 없는데.

안홍택 　　　(웃으며) 수입도 없고.

면담자 　　　개소식을 빨리 해야 되겠군요. (안홍택 : 네네) 또 하나의 이유가 (안홍택 : 맞습니다) 이런 것이겠군요. 인제 다 자격증도 따실 만큼 공방의 구성원들의 기술력들이 많이 (박인환 : 네) 이제 올라왔고, 직접 가르치는 수준이 됐다고도 (안홍택 : 네) 말씀해 주셨는데요. 이제 '새롭게 상품을 만들어서 판매할 때는 뭐 어떤 디자인 내지는 어떠한 브랜드를 만들어낼 것이냐' 이런 것들이 결국 고민되시리라고 생각되고, 그 고민도 잠깐 내비치신 적이 있었습니다. 그런 고민들에 대해서 이야기해 주실 수 있을까요?

안홍택   결국은 기술은 올라가요, 다. 빠르고 늦고의 차이죠. 결국 디자인이거든요. 디자인(웃으며)에 대해서는 우린 제로예요. 내가 봐도 답답한데, 그래서 디자인하는 전문가를 좀 도움을 받으려고 지금 하고 있구요. (면담자 : 아, 지금 구체적으로?) 네네. 그래서 얼마 전에도 우리 (박인환을 보며) 오상열 목사가 지난번에 왔었어요. 그때 이제 젊은 목사들이 자기 친구가 "홍대 앞에 가구를 하는데" 하면서 사진을 보여주면서, [보니까] 정말 세련된 거야. (웃으며) 보고는, '초청을 해야 된다' [싶더라고요]. 한두 명, 몇 사람 정도는 와서 디자인을 좀 가르쳐야 되고 또 주문을 받을 때 그 사람들의 도움을 받아야죠. "가구가 주문이 들어왔는데 기본적인 디자인 개념을 좀 해달라" 그럼 이제 디자인해 주면 그걸로 이제 만들어나가야 되니까, 그것이 굉장히 중요하죠. 디자인이 굉장히 중요하고, 또 하나 뭐였더라 아휴, 내가 이야길 하다가 [잊었는데], 아까 또 하나 (면담자 : 브랜드) 아, 브랜드. 브랜드는 아까 그 단체, 안산시 단체 이름이 뭐라고 그랬죠? (면담자 : 희망마을추진단이요) 거기서 지금 브랜드 작업을 했어요. 그래 지난 회의 때 그… 아휴, 뭘 잡았더라? 뭐 나무 생각? 그리고 이제 이 (엄지 지문을 가리키며) 나뭇결에 노란 기본을 바탕으로 한 그러한 마크도 만들어내고, 그래서 그 작업을 지금 하고 있어요.

면담자   아, 지금 시안들이 갖춰지고 있군요.

안홍택   네, 지금 거의 아마, 내일 아마 시안이 나올 거예요.

네 그 작업을 지금… 근데 사실 브랜드가 어렵잖아요. 그러니까 '도 대체 그러면 우리가 어느 쪽으로 갈 것인가…' 사실은 막연해요, 막 연해. 막연하고, 근데 이제 엄마들, 아빠들 이야기를 이렇게 쭈욱 지 금 추리고 있어요. 그러면서 결국 전문가들이 지금 도와주니까 그게 나오지 않겠나…. 지금 그렇게 해서 다음 주나 다음다음 주는 그게 나올 것 같아요.

면담자   별도의 브랜드를 지금 생각하시는 (안홍택 : 네네) 것인 데요. 그러니까 말하자면 4·16가족협의회 내지는 4·16유가족이라고 하는 그것도 일종의 브랜드죠. (안홍택 : 그렇죠) 그것과 별개의 브랜 드를 구사하려고 하는 의도는 어떤 것 때문인 걸까요?

안홍택   그러니까… 그 협동조합 하면서 생각했던 것 중에 하 나는, 이제 5주기가 됐잖아요. 그렇다면 이제 처음에 사건이 발발했 을 때의 그 투쟁, 거리[에서의], 또 많은 연대활동들이 있었지만 이젠 5년이 돼가고 이제 안전공원이 설치되고 진실 규명에 대해서도 이 제 진행이 되고 있는 과정이라면, 이제는 '운동의 패러다임이 바뀌 어야 되지 않느냐' 하는 거죠, 패러다임이. 그렇다면 이제는 생활 속 에 스며드는, 기억에 대한 것이…. 그런 면에서 가구에 이 브랜드는, 이거는 뭐 앞으로 생활 속에서 국민들 속으로 파고들어 갈 수 있는 좋은 하나의 이미지고, 그리고 [4·16을] 기억해 내서 [브랜드를 통해] 끊임없이 반복해서, 가구로 들어가 버리니까. 그렇다면 지금 첫 번 째 출발이 아니냐는 거죠, 지금 이 우리 4·16목공소가. 그런 면에서 이거 잘돼야 돼요. 그러면은 앞으로 뭐 하다못해 호프집도 만들 수 있고 책방도 만들 수 있고 음식점에 뭐… 그 저기 '이탈리아의 협동조합처럼 4·16이라고 하는 거대한 협동조합이 될 수도 있지 않겠느냐' [하고 생각하는 거죠]. 이게 좀 황당한 것 같은데, (웃으며) 그래도 그런 꿈이 있죠. 저는 그런 꿈을 가져요. 그래서 '가족들에 의해 4·16이라고 하는 그런 브랜드가 그런 패러다임이 전환돼서 국민들 속에 생명 안전에 대한, 평화에 대한, 폭력에 대한, 저항에 대한 이런 패러다임 전환에 시발점이 되지 않겠나' 그런 생각을 갖죠.

박인환   이제 우리가 만들어내는 가구는 비 안 맞히면 100년 이상 쓰는 거거든요? (안홍택 : 원목 가구니까요) 그건 뭐, 이런 거 (앞에 책상을 가리키며) 하고는 달라요. 이런 건 시간이 가면 다 트는데, 원목 가구는 더구나 장부맞춤 같은 건 100년, 200년 그냥 쓰는 건데, 하여간 4·16목공소 이름으로 이렇게 100년, 200년 보존되는 거니까. "아휴, 이거 어디서 만든 거야?" 사람들이 다 그렇게 관심 가지고 그러잖아요. 그러니까 이제 '4·16을 잊지 말자, 기억하자' 하는 것에도 아마 이 목공소가 큰 역할을 할 것 같애요.

안홍택   그리고 저번에 책장 주문을 대법원 판사였던 (박인환 : 아, 헌법재판소) 헌법재판소 (박인환 : 김이수) 김이수 재판장님 주문이 들어왔어요. 몰랐어요, 처음엔. 근데 배달하러 가니까 깜짝 놀란 거지.

박인환   네, 그 양반이 앉아 있더래요(웃음).

안홍택   어, 그래 가지고 얼마나 반가운지. 네, 그렇게 해서 뜻이 있더라구요, 의미가 있고. 그렇게 해서 또 만날 수도 있고.

면담자	아, 배달을 직접 하세요?
박인환	그렇죠. 차 있으니까요. (안홍택 : 트럭) 트럭 있으니까요.
면담자	아, 직접 싣고 가시는 거예요?
박인환	네, 네.
안홍택	주문받고.
면담자	주문을 받고 (박인환, 안홍택 : 네, 만들어서) 재료를 사고, (안홍택 : 네네) 직접 가구를 만들고 (박인환 : 네) 배송까지 하는 전 체계가 이제 잡힌 거군요.
박인환	네, 차가 있으니까(웃음).
안홍택	이제, 그러니까 이건 이제 단순한 시스템인데 앞으로 기업이 커지겠죠, 확장이 되고. 지금이야 뭐 이거 조그만 공방이지만 앞으로 확장이 되면 공장이 서야죠, 공장이. 그렇죠? 가구 공장이. (면담자 : 그렇겠죠) 뭐 우리 리바트나 뭐 이런 거, 일룸이나 이런 것처럼 그렇게 올라가야죠. 그때는 우린 빠져야죠, 목사들은(웃음).

10
목공소 구성원으로의 정체성

면담자	음, 그렇군요. (안홍택 : 네) 목공소에 상근하시는 아버님에게 '목공소 사람들'이라는 공동체 정체성이 별도로 형성되고 있

다고 보십니까?

박인환   글쎄요…. 하여간 거기 모이는 사람들끼리는 어쨌든 투닥거리면서도 굉장히 형제같이, 옆에서 볼 때 굉장히… 잘 지내요, 네. 그… 그 지금 말씀 그 의미[가] 무슨 뜻인지 알겠는데, [정체성 형성이] 된다고 봅니다, 저는.

면담자   아직까지는 만들어지는 과정에 있다고 보시는 건가요?

박인환   네네. 어우, 아주 뭐 이렇게 보면 자기들, 같이 활동하는 4·16 다른 가족들도 있지만, 그 목공소 안에 있는 사람들이 어디, 어디 광화문을 가더래도 꼭 같이 움직이고(웃으며), 아주 굉장히 그런 관계는…. 그래서 "여[기] 빨리 가족들 많이 데리고 와야지" 그러니까 민정이 아버지가 그러더라고요. "목사님, 많이 오는 게 문제가 아니고 뜻을 같이해서 움직이는 게 문제예요" (웃으며) 지금은 팀워크가 좋다는 얘기죠, 자기들끼린.

안홍택   응, 열심히 해요. 아마 개소식이… 하면은 또 틀려질 [달라질] 것 같애요, 개소식. 개소식 하면서 이제는 정식적으로, 이제 자기네들이 대외적으로 공식적인 선언을 하는 거니까. 그렇게 될 때 또 나름대로의 서로의 기업의 파트너로 뭔가 좀 더 뜻있는 결속을 하지 않겠나, 네.

박인환   지금까지는 뭐 그냥 '이거 만들어' 그래 가지고 팔아주고, 누가 또 이렇게 주문 들어오면 해주고 이런 거였는데, 개소식을 하고 나면 이 샘플을 만드는 거니까요. 오더[주문]들이 들어올 거 아닙니까? 그럼 지금은 사실 누가 "만들어달라"고 하는 것만 하면 시간이 남는 건데, 그때는 정신없이 일을 해야 될 거거든요? 그러니까 그러다 보면 좀 수입도 생기고, 목사님 말씀처럼 시작은 작게 시작했지만 어떻게 크게 번져나갈지는 모르죠.

안홍택　　그렇게 돼야 된다고 봐요. (박인환 : 네, 그렇게 되겠죠) 그래야, 정말 패러다임이 전환이 돼야, 전환돼야 되는 게 맞고. 그렇다면 이제 '이게 첫 출발이 아니겠나' 그런 생각이 [들어요]. 전에 한번 그런, 다영 아빠가 그런 얘길 했어요. "나는 그럼 4·16호프집을 한번 해보겠다" 이런 얘기까지 했었거든요, 처음 시작할 때. 다영 아빠[가] 우리 교회 왔을 때 목공도 하고 뭣도 하고 그러면서 "난 그럼…" 그런 얘기도 했어요, 우스갯소리로. 근데 뭐 우스갯소리가 아닐 수가 있죠, 또 이게 어떻게 진화될지는 모르니까.

11
유가족과의 동행, 심적인 어려움

면담자　　공동체 정체성에 관해서 좀 여쭸고요. 이거는 질문의 결이 약간 다르기는 한데요. 두 분은 이제 종교인이시고 또 목회자이신데 유가족들과 함께한 지 벌써 이제 4년이고 곧 5주기를 앞두고 있는 상황입니다. 꽤 꾸준하게 이제 공동의 경험을 해오신 셈인데요, 어떠세요? 어떤 유의미함이 있고, 어떤 어려움이 있다고 생각하십니까?

안홍택   (박인환을 가리킴)

박인환   어쨌든 저는 목사로서, 제가 우스갯소리로 감리교 본부에 가서 그런 얘길 하죠. "감리교에서 나 훈장 줘야 된다. 그래도 감리교 목사가 5년 동안 어떻든지 세월호 가족들 곁에서, 우리가 유가족이 있지만 곁에서 발붙이려고 서 있었다. 그리고 4·16목공소에 있기도 하고. 우리 감리교가 그건 잘했다" 이렇게 또 얘기하는데, 하여간 5년, 4년간 뭐 그 곁에서 그냥 좀 자리를, 곁을 지켜줌으로써…, 정말 그 절망에 빠지고, 최종적으로 의지할 데가 저 윗분밖에 없는데, 그마저 교회가 다 싹둑 잘라버린 거 아니겠어요? 그런데 아 이렇게 목사 둘이 이렇게 4·16목공소 그 이름으로 그렇게 최소한 일주일에 한 번씩은 만나고 이렇게 같이 밥 먹고 일하고 하면서 그들에게 그래도 '세상이 아마 쪼그만 가능성이 있구나' 하는 것을 좀 [보]여줄 수 있지 않았겠는가 하는 건 있구요.

또 하나 어렵다는 건, 진짜 어려워요. 어… 제가 좀… 예은이 엄마, 우리 교회 박 전도사한테 좀 푸념을 했지만, "야, 이거 너무 어렵다, 옆에 있는 게. 하다못해 뭘 작업을 이렇게 해달라고 이야길 해도 엉뚱한 걸 자꾸 놓고" (웃으며) 이게 다 트라우마 때문에 이게 정신 집중이 안 돼서 그런 걸 알고 있는데…. 그러기도 하고, 〈비공개〉 이런 일이 있었어요. 그 CNC가 들어왔지만 이게 계속 운영이 안 됐어요. 그건 기술이 있어야 돼, 컴퓨터를 잘하는 사람이 해야 되는데 할 사람이 없는데, 성호 아버지가 와서 관심을 가지고 이 사람이 컴퓨터를 잘하니까 "당신이 배워서 좀 해보쇼" 하니까, 이 양반이 뭐 한 두 번 가서 배우더니 (안홍택 : 흠뻑 빠졌어(웃음)) 그냥 잘하는 거예요, CNC로 막 깎아내는 건데.

여태까지 민정이 아버지나 이렇게 소품을 만들어놓으면 그 저한 테 손님 오면 꼭 순례 코스처럼 거기를 데려가거든요? 구경시켜 주는데 그중에는 자기가 필요하거나 여기 매상이라도 올려줄려고 필요 없는 걸 사가는 사람도 있어요. 그러니까 그럼 "이거 민정이 아빠가 만든 거라 나 가격 모른다"[고, 민정 아빠가] 있을 때는 물어보지만, "나 가격 모른다. 일단 가져가고 나중에 알려주마" 이렇게 해서 그냥 자연적으로 이렇게 판매하고 그런 것을 모아서 우리가 연장도 사고 이렇게 했단 말이죠. 〈비공개〉 가끔 이제 [참새] 초기에 워낙 교회 목사들이 개판으로 해놨으니까 목공소 처음 드나들 때는요, 거기 왔다 갔다 하는 그 엄마, 아버지들이, (안홍택을 가리키며) 목사님은 모르겠어요, 나를 보는 눈이 '저 새끼 뭐 하러 여기 와서 그래?' (안홍택 : (웃음)) 아, 이런 눈으로 보는 거예요. 근데 몇 년이….

안홍택   아, 나도 조심스러웠어요. (웃으며) 컨테이너, 가면 컨테이너에만(웃음).

박인환   근데 몇 년이, 몇 년이 지나니까 먼저 인사를 하더라고. (안홍택 : 응, 맞어) 그 목공소 관계없는 가협 그 사무실에 왔다 갔다 하는 엄마, 아버지들이 먼저 인사하더라고. (안홍택 : 응) 근데 그때는 워낙 목사들이 개판 쳤으니까 제가 충분히 그렇게 당하면서도 이해를 했죠. 〈비공개〉

안홍택   하여튼 뭐 가족들하고 함께하는 건데, 저는 이제 4·16 빵 터지고 유경근, 예은 아빠가 서강대의 그 가톨릭 미사에 갔었어요. 그게 아마 터지고 한 두 달, 한 달 됐나? 그때 유경근 씨가 한 얘기가 신문보도에 나왔어요, 《가톨릭신문》에. 그때 뭐라고 그랬냐면 "한 달이 가도, 두 달 가도, 10개월이 가도, 5년, 10년이 가도 잊지 말아달라" 이러면서 뭐라고 얘기를 했냐하면 "공감해 달라"고 그래요, '공감'. 표현이 좀 독특했어요, "공감해 달라". 그런데 그 "공감해 달라"는 말이 무슨 말이냐 하면 굉장히 우린 신앙적이니까 어쨌든, 예수님이 부활하고 나서 다락방에 숨어 떠는 제자들에게 가요, 찾아가요, 숨어 있는. 뭐 제자들은 뭐, 치욕이죠. 스승 죽어가는데 한마디 말도 못 했지, 또 당국에서 쪼니까 두렵지, 그리고 서로를 바라봐도 서로 미안하지. 말 한마디 못 하고 그저 그냥 주눅 들어 있는데 찾아오셔서 그때 한 말이 "에이레네[εἰρήνη]"라는 말인데 그 평화라는 뜻인데 그게 그 "에이레네"가 '공감'이라는 뜻이 있어요, 공감, 그리고 연대라는 뜻이고요. 그 말을 하면서부터, 공감하라는 말을 들으니까 제자들끼리 보면서 마음을 공감하기 시작하는 거예요. 그러면서 이제 평화 하는데, 예은 아빠가 그날 "공감해 달라"는 얘기를 한 거예요. 다른 사람은 어떻게 들었는지 모르지만 나는, 이 연대하라는 건데, 결국은 곁에 있어 주는 거니까 공감한다는 게. 우리, 어떻게 마음을, 마음을 어떻게 할 수 없잖아요. 〈비공개〉

면담자   충격적인 사건을 겪고 그 트라우마를 어떻게 이겨낼 것인가가 (안홍택 : 네) 이제 관건이 되는 건데, (안홍택 : 어렵죠) 그거와 관련해서 사회는 굉장히 더디게 반응하니까요.

박인환   우리가 뉴욕에서도 이렇게 응급실에서 시찬 아빠 실려 갈 때, 숨을 못 쉬니까 (안홍택 : 맞아) 안 되겠어[서] 그래서 앰뷸런

스가 왔어요. "앰뷸런스 타라" 그랬더니 저한테 눈을 똑바로 뜨고 "저는 병원 가는 것보다 이게 더, 이게 더 급합니다"[고 말하더라고요]. 그러니까 저기, 거기… 간담회에 참여하겠다는 거예요. 아니, 숨이 차가지고 숨을 못 쉬면서 [간담회 참여한다고] 그러니까 나도 모르게 돌아서며 "에이씨" 그랬다니까, (안홍택 웃음) 나도 모르게. 아휴 확, 자기, 아니 살아야 간담회 할 거 아니야, 살아야.

안홍택 아마 박 목사님은, 나는 이제 일주일에 한 번씩 오잖아요. 근데 박 목사님은 어떻게 보면 굉장히 밀접해요 항상, 여태까지 그렇게 해왔고.

박인환 아니, 틈만 나면 갔으니까요.

안홍택 그리고 예은이도 있었고 그랬기 때문에 거의 뭐, 사실은 거의 뭐, 거의 4·16과 관련해서는 거의 동질화될 수 있다고 보죠. 그러니까는… 그게 다 자연스러운 거 같아요. (웃으며) 화내면 같이 화내고, 붙으면 같이 붙고, 그냥 싸우는 거지, 뭐 같이(웃음).

면담자 근데 솔직히 화내기 쉽지 않으시죠? (안홍택 : 네?) 화내거나.

안홍택 아, 그럼요. 근데 저는 그래요. 나도 어떤 제 감정 표현을 잘하는 편인데, 가족들 앞에서는 조심스러워요, 저는. 근데 박목사님은 안 그래요. 그냥, (웃으며) "이씨".

면담자 박 목사님은 그냥 표현하세요?

안홍택 네네.

박인환   아니, 저도 많이 절제하죠. 난 즉결 처분이거든요? (안홍택 : 원래 스타일이 그런데) 그래도 많이 참죠.

안홍택   그게 사실은 건강하죠. '너희들 화나면 나도 화난다. 똑같다'라는 그런 것들이 있어야 되죠. 그런데 조심스럽죠, 아무래도, 네.

면담자   유가족과 유가족 아닌 이들이 어떻게 관계 맺어야 되느냐도 시간에 따라서 다시 생각해 볼 (안홍택, 박인환 : 네네) 문제이기도 하죠. 그런 점에서 요즘 겪으셨던 경험이 간단한 경험은 아니라고 생각이 듭니다. (안홍택 : 네)

12
유가족에게 신의 존재, 한국 교회의 문제점

면담자   유가족들이 기독교인이라고 한다면 자신이 믿고 생각했던 세계관으로부터 완전히 외면받는 경험을 했기 때문이기도 한 거잖아요? 4·16이라고 하는 경험이. 그래서 많은 기독교인 유가족들은 신의 존재에 의문을 가질 수도 있다 생각됩니다.

박인환   그러니까 지금 하나님과 싸우는 거예요, 그 사람들이 지금(웃음).

안홍택   네, 맞는 얘기예요.

면담자   그런 것들을 곁에서 보시면서 어떤 생각들을 하시게 되는지 좀 여쭙고 싶습니다.

안홍택 　　　〈비공개〉 지난번에 부르더호프에 그 수인 엄마의 건 같은 경우는 정말 그거 하나만으로도 우리는 여행의 효과를 얻었다 [고 생각해요]. 가치, 가치로 따지면 1000만 원 뭐… 돈이 문제가 아니잖아요, 이거는 정말. 그 많은 위로도 있었고 많은 것들을 보았고 했지만 그 건이야말로 우리로서는 정말 '야, 함께하시는구나. 이 여행의 목적이 사실은 거기 있었구나', 전 그렇게 봐요. 우리들의 여행의 진짜 핵심적인 목적은 수인 엄마가 닫았던 하나님에 대해 마음을 열었다는 거죠. 아, 그거는 돈으로도 살 수 없는….

박인환 　　　한국 교회가 하나님에 대해서 잘못 가르친 측면이 있죠. 그런 하나님은 없거든요. 물에 빠졌는데 꺼내달라면 꺼내주는 하나님은 없거든요. 그런 하나님이 아닌데, 하나님에 대해서 일단 잘못 가르친 거. 두 번째는… 목사라는 사람들이 목사가 아닌 평범한 사람들도 해서는 안 되는 잔인한 말들을 신앙의 이름으로 했단 말이죠. 네, 이게….

안홍택 　　　그 죽음이…, (박인환을 보며) [목사들이] 뭐라고 그랬어요?

박인환 　　　"하나님의 뜻"이라고 뭐… (안홍택 : (웃으며) 미치겠어, 아주) 뭐, 기독교 신앙이 뭐 보시다시피 세월호를 통해서 이렇게 보여지는 것은 한국 교회가 예수 믿는 집단이 아니라는 건 증명이 됐잖아요. 조화순 목사님이라고 우리 감리교 원로 여자 목사님이 늘 하는 얘기가 "그 사람의 두 발이, 발걸음이 어디에 머무느냐가 그 사람의 인격이고 그 사람의 삶이다".

안홍택   조화순 목사님이요?

박인환   네. 아주 명언이거든요. 그 사람 발이 어디에 머무느냐 이게 중요한데… 교회는 여전히 세월호 가족들의 마음에 발걸음을 하지 않잖아요, 지금. 그러니까 이제 세월호 가족들은 이 참사를 겪으면서 자기가 믿던 하나님, 기독교인[인] 자기가 믿던 하나님이 '아, 내가 지금 잘못 생각했구나' 하는 걸 깨닫게 된 거죠. 깨닫게 되고, 이제 깨닫게 되었으면 이제 신앙적으로 그게 승화가 되어야 하는데, 그걸 그 단계는 아직 안 온 거죠, 안 온 거고. 계속 원망과…, 거기에 머물러 있는 거죠. (안홍택 : 네) 그 오죽하면 예수님이 십자가에 달리신 하나님이신데, 한국 교회는 그런 걸 전혀 얘기 안 하잖아요. 그냥 "믿으면 복 받는다. 고난 속에서도 기도만 하면 살려주신다"[고 얘기하는데] 이거는 전혀 기독교 신앙 아닌 걸 가지고 기독교 신앙이라고 가르친 거거든요.

그것을 이제… 자기 아이들을 잃으면서 이… 사람들은 깨달은 거예요. 깨달았는데 아직 성숙한, 정말 그리스도관, 하나님관이 정립이 안 되고 아직까지 분노[하고 있다고 봐요]. 그래서 쪼금 더 발전된 사람은 '왜 하나님 나에게 이러십니까?' 하고 하나님과 싸우고 있고, 그렇지 않은 사람들은 '에이 씨발, 하나님 그런 게 어딨어?' 그러고 이제 절망해 버리고 말고, 이렇게 된 거죠. 그러니까 옆에서 목사라고 그들에게 뭘 얘길 하고 가르치겠어요? 그냥 옆에 마음으로 더 '당신의 마음을 이해하려고 한다. 발걸음을 당신 곁에 그래도 한 발

짝이라도 하겠다' 이제 이런 것만 그냥… 표시하는 거겠죠.

면담자   예. 쉽지 않은 질문이었는데 답변을 잘해주셔서 고맙습니다.

13
목공소를 통해 일상에 자리 잡기를

면담자   목공을 통해서 유가족들은 어떤 변화를 겪은 걸까요? 어떠한 나아짐이 있었던 걸까요? 유가족들이 목공을 통해서 어떤 마음의 평화를 찾는다거나, 변화가 있었다고 보시나요?

박인환   아휴, 이제 아버지들은 제가 볼 때 어… 상당히 그… 쪼끔은 긍정적이랄까? 또 삶의 의욕 같은 거, 그런 것이 좀 개선됐다고 저는 보거든요.

안홍택   그러니까 이제… 처음에 시작할 때도 그 이야기를 했었는데… 뭐 진실 규명도 안 되고 직장도 잃고 뭐 하나 가족들이 하는 건 되는 게 없잖아요, 아무것도. 지금도 아무것도 되는 게 없죠. 그런데 목공은 생각하면 되거든요, 작품을 구상하면, 거기서 오는 성취감은 굉장한 거 같아요.

박인환   그러니까 일하고 있다는 게 굉장히 중요한 거 같애요.

안홍택   그리고 자기가 생각하는 것이 그대로 되니까, 거기에 대한 만족도는 정말 높죠. 그러니까 마음이 거기서, 하면서 위로를 받는 거 같아요.

박인환　　　작년까지, 그 우리 미국 갔다 오기 전까지는요, 진짜 목공소를 열고 (안홍택을 가리키며) 목사님이 열심히 다녀도 아버지들 와서 뭐 이렇게… 저도 이제 뭘 만들려고 나가보면, 일하다 보면 1시간 지나면 시찬이 아빠 스윽 사라져, 2시간 지나면 민정이 아빠 스윽 사라져, 조금 있으면 미지 아빠가 "아, 저 어디 가야 됩니다" 가버려 나 혼자 남게 되는 날이 많았어요. 근데 거기 갔다 와서는 눈이 반짝반짝하면서 일하기 시작하더라고요. 미국 갔다 와서부터 출근을 하고 "우리 출근하자" 그래서 좀 늦지만 10시부터 5시까지다. 그래서 요새는 6시에 전화해도 "아직 목공소입니다" 이럴 때가 많고, 진짜 열심히 일하거든요. 그러니까 일하지 않는 엄마, 아버지들하고 일하는 엄마, 아버지들, 이 차이가 많거든요. 그게 굉장히 중요한 거 같애요.

안홍택　　　어쨌든 어떻게 살아야 될지에 대한 자리매김을 하고 있으니까, 그래도. 그 일… 이제 일상으로 돌아가는 거죠. 일상으로 돌아가는 것이고 그리고 '꽤 잘 돌아갈 수 있을 것 같다' 하면은, 뭔가 그래도 그뿐만 아니라 이 일을 통해서 '우리가 도네이션 할 수도 있겠다' 뭐 이런 거, 그거는 꽤 긍정적으로 하지 않겠나 싶어요. 그리고 이게 일자리가 더 확대될 거예요, 앞으로. 그렇다면 가족들 중에도 얼마든지 또 같이 참여할 수도 있는, 우린 그렇게 보니까, (웃으며) 커질 것이다.

박인환　　　또 세월호 가족들이 그 세월호 활동하는 사람들을 주로 많이 만나잖아요. 그런데 목공소 엄마, 아버지들은 세월호 활동 안 하는 사람들도 많이 만나거든요, 우리 목사들 가운데도. 그러니까… 세월호 목공소가 세월호 곁에 발걸음하지 않던 사람들도 그걸 와서 설명 듣고 한번 보면, 그게 또 그 사람들도 이쪽 편이 되지, 우리 편이 돼주거든. 그러니까 그런 것도 엄마, 아버지들이 많이 (안홍택 : 보죠) 보죠, 네.

면담자　　알겠습니다. 개소식 이후가 되면 이제 유가족 이외에도 [시민들이] 이제 들어오셔서 (안홍택 : 네) 유가족들의 수업을 듣게 되시는, (박인환 : 웅) 그런 프로그램들이 이제 새로 생기게 되겠군요. (안홍택 : 네, 맞습니다)

박인환　　그것도 잘되면 좋겠어요(웃음).

면담자　　그럼 개소식 하고 나서 이후는 어찌되나요? 지금 미지 아버님이 계속 공방장을 하시고, 편제가 지금 어떻게 되는 거죠?

박인환　　미지 아버지가 대표 (안홍택 : 조합장) 조합장이고.

안홍택　　이사장이죠.

박인환　　이사장이고, 목사님, 저 (안홍택 : 모두 이사예요) 그리고 나머지가 다 이사예요.

면담자　　나머지는 다 이사시고요?

박인환　　네, 200만 원씩 냈습니다. 난 빚 얻어서 냈어요, 나는 (웃음).

안홍택	저도 빚 얻어서 냈습니다(웃음).
박인환	다 이사고 그다음에 총무가….
안홍택	수연 아빠.
박인환	아니, 누구 바꿨지….
안홍태	아, 수인 엄마인가?
박인환	수인 엄마에게로 갔나? 아이고….
안홍택	네네.
박인환	네, 총무가 바뀌었어요.
면담자	이게 올해부터 바뀐 건가요?
박인환	네.
안홍택	올해죠. (박인환 : 네) 그리고 이제 아빠 셋은 상근, 상근하고.
면담자	급여를 받으신다 그랬고? (박인환 : 예) "어머님분들은 비상근 조합원이시다"고 (안홍택 : 네네) 말씀을 해주셨어요.
안홍택	한 달에 한 번씩 회의에[를] 해요, 엄마들은. 왜냐하면 워낙 연극 쪽에 또, 아마 지금도 지금 연극하느라고 정신없을 거예요, 두 엄마는.

14
목회자로의 바람 및 마무리

면담자   마지막으로 목회자로서 이 목공소에 바람이 있으시다면 한 말씀씩 부탁드리겠습니다.

박인환   (잠시 침묵) 목사님부터 말씀하세요(웃음).

안흥택   음, 단순해요. 어, 사실은 지금 제도화된 교회로 돌아간다는 것은 쉽지 않을 거예요. 참 쉽지가 않은데… 돌아와야죠. 네, 결국은 돌아와야 되는데 그 과정은 이제 어떻게 될지 모르겠어요. 다시 이제 신앙의 자리로 돌아와서… 미지 아빠도 그래요. "목사님, 진실 규명되면" 자긴 "다시 교회로 돌아갈 겁니다" 그런 얘길 해요. "그러나 지금은 갈 수가 없다"고 그래서, 네, 기도하고 있고…. 그래서 다시 '돌아온 탕자' (웃으며) 『성경』에 그런 이야기도 있지만, 비유가 잘 안 맞긴 해도 어쨌든 떠났으니까, 다시 [교회로] 들어가서… 은혜 안에 머문다는 거예요. 우리 이제 「요한복음」 '포도나무 비유'에 보면 머물러 있는 거, 뭐 특별한 거 하지 않아도 머물러 있으면 포도나무에 가지가 붙어서, 떨어지면 아무것도 없고 영적으로 단절되니까, 붙어 있으면 거기에서 잎사귀도 나고 꽃도 피고 뭐 열매도 맺으니까, 머물러 있기를 이제 바라는 거죠, 네.

그렇게 되길 바라고 있고, 목공소는 뭐… 어쨌든 이 목공소가 지금 진행하는 과정들이 잘돼서 그래서 브랜드, 브랜드가 만들어져야 돼요, 브랜드가 잘. 그리고 디자인 감각도 올라가고, 그리고 이제 주문이 시작되면 시스템화가 되는 과정, 사실 우리는 그거 모르거든요. 그래서 목공소에 바람이 있다면 정말 많은 분들이 또 더 와야 돼요, 도와줘야 돼요. 저도 이제 한계가 있고, 그죠? 우린 이제 한계가 있잖아요. 그런데 여기서 머물 순 없으니까 기업으로서 이제 치고 나갈래면 사람들이 들어와야죠, 들어와야 되고. 되겠죠, 네. 지금까지 4년 동안 여기까지 왔는데, 또 새로운 사람들이 와서 같이 만들어내고, 틀림없이 그리 될 거예요. 네네. 그 패러다임의 전환, 그 첫 번째가 잘돼서 '아, 이렇게 운동이 되는구나', 굉장히 그런 바람이 있죠, 네.

박인환   저는 그… 저 '세월호 가족뿐 아니라 일반인도 와서 배우는 과정 개설하는 걸 굉장히 참 잘하면 좋겠다'는 생각이 들어요. 왜냐하면 목공을 배우겠다고 하는 사람들 가운데는 세월호에 관심이 있는 사람들도 있지만 전혀 무관심한 사람들도 있단 말이죠. 그런 사람들도 이렇게 [목공소에] 들어와서 이렇게 같이 서로 부딪치고 이렇게 작업하고 배우고 하다 보면, 그 어떤 세월호에 대한 외연도 넓혀질 것이고 그러는 과정에서 그 엄마, 아버지들도 어떤 마음의 상처 같은 것도 좀…. 지금은 세월호 가족이 별종이 돼버렸잖아요? 별난 존재들이 되어버렸잖아. 그런데 거기서 이제 좀 탈피해야 되거든요. 이제 그런 생각으로 '가르치는 걸 좀 잘 발전시키면 좋겠다' [하는 거죠].

  그리고 목사로서 신앙 얘기를 하면, 제가 초기부터 우리 [예은 엄마] 박은희 전도사가 우리 감신신학을 한 분이니까… 제가 판단할 때 세월호 가족들이 돌아갈 교회가 없어요. 어느 교회가… 뭐, '우리 교회 오라'고 그러겠지만 가족들이 가서 버텨낼 만한 교회가 없어요,

이 한국 땅에. 그래서 "내가 도와줄 테니까" 우리 감리교는 여자도 안수를 받을 수 있거든요. "안수받아라. 아, 지금부터 다시 과정 시 작해서 목사 안수받고 세월호 교회를 만들어라" 그랬더니, "저는 못 합니다" 그래서 이제 그거는 포기했는데…. 제가 볼 때는 [유가족이] 교회로 못 돌아올 거 같애요. 어, 그런 꿈은 제가…. 유경근도 6월 달까지는 나왔어. (안홍택 : 아, 그래요?) 네. 그런데 7월 달에 국회, 6월 말인가 농성할 때 저도 같이 가서 피켓 들었는데, (안홍택 : 2014년 때?) 네, 첫해요. 그때부터, 그 전에는 "재정부 회계를 했다"고. 그때 부터 교회를 안 나와서 지금까지 안 나오는 거야. 근데 말로는 "교회 만 가면 예은이가 눈에 자꾸 아른거려서 교회 안에 앉아 있을 수가 없다". 그래… 진실이야, '그 말이 진실하다'고 저는 생각을 해요. 어, 그렇지만 꼭 그것만은 아니야. 그러니까 못 돌아올 것 같애요. 그래 서 처음에는 내가 만날 때 "아휴, 이제 교회로 와라" 그랬는데 이제 는 얘기도 안 하죠, 나만 보면 피하지.

그러니까 세월호 가족들은 교회로 돌아오는 건 제가 볼 때 거의 불가능하지 않을까. 그래서 '세월호 교회를 (웃음) 만들어야 되지 않 나' 이제 이런 생각하고, 다만 좀… 아까 좀 극단적인 얘기를 했지만 이거 뭐 평생 가슴에 묻고 죽을 때까지, 한심한 일이죠. 그렇게 가는 거지만 그 어려운 가운데서도 '세월호 가족들이 좀 노력을 해야 되 겠다…'. 좀 이렇게 너무 태평스러운 이야기지만 마음 좀 다스리고 쪼끔이라도 좀… 잃었던 신앙을 회복하려는 마음, 또 이 신앙이 없 었던 사람은 인간관계나 이런 거, 다가가기를 기다리는 것보다 자기 가 먼저 조금 더 다가서고 그런 노력도 세월호 가족들에게 좀 있어야 되지 않겠나. 조심스럽게, 제가 언어 선택을 잘 못했는지 몰라도 좀 그런 마음이 있습니다.

그래서 저는 여기 8년 남았거든요, 은퇴[까지]. 그런데 생각으로는 한 3년 앞당겨서 5년 하다 은퇴할 건데, 미지 아빠가 농담으로 "얼른 은퇴하고 여기 사장으로 오세요". 그래서 제가 (일동 웃음) "아니, 안 목사님이 사장 해야지, 나보다".

안홍택   내가 왜 사장을 해요(웃음).

박인환   "안 목사님이 나이도 많은데" (웃으며) 그렇게 농담하고 있는데….

안홍택   사장하면 박 목사님이 해야지(웃음). 나는 다 망칠 거야(웃음).

박인환   〈비공개〉 그래서 뭐 그렇다고 제가 거기 뭐 계속 초심 잃지 않고 (안홍택 : 그럼요) 곁에 좀 있어 주는 게 그들에게도 뭐 정신적으로도 도움이 될 거 같고, 그런 생각이 있습니다.

안홍택   그럼. 이거, 이거는 그 이제 신앙이죠. 내가 가는 게 아니고 하나님이 보내주신 거지. "거기 있으라"고 해서 지금 있는 거지, 내가 무슨 뭐 '선한 사마리아인'도 아니고, 그런.

박인환   (웃으며) 누가 돈을 주면 그 일 하겠어요? (웃음)

안홍택   그러니까 뭐, 박 목사님도 역시 뭐, 예.

면담자   예. 목공협동조합으로 시작해서 이야기 중간중간에 두 분의 본래 직업과 관련된 이야기들을 좀 곁들이려고 했던 게 저의 의도였는데, 제가 좀 건방지지 않았나 자성도 좀 들고 그렇습니다.

박인환   아니에요, 뭐.

면담자   어쨌든 긴 시간 동안 이야기해 주셔서 감사합니다.

박인환   아이고, 고맙습니다. 이게 제가 핀트[pinto: 초점]가 어긋나는 얘기들을 많이 해서 그런데 잘 정리해 주세요(웃음).

면담자   고생하셨습니다. 마치도록 하겠습니다.

4·16구술증언록 유가족 활동 단체 제1권

그날을 말하다 4·16희망목공협동조합

ⓒ 4·16기억저장소, 2020

기획 편집 4·16기억저장소 | **지원 협조** (사)4·16세월호참사가족협의회
펴낸이 김종수 | **펴낸곳** 한울엠플러스(주)
초판 1쇄 인쇄 2020년 4월 1일 | **초판 1쇄 발행** 2020년 4월 16일
주소 10881 경기도 파주시 광인사길 153 한울시소빌딩 3층
전화 031-955-0655 | **팩스** 031-955-0656 | **홈페이지** www.hanulmplus.kr
등록번호 제406-2015-000143호

Printed in Korea.
ISBN 978-89-460-6793-6 04300
    978-89-460-6801-8 (세트)
* 책값은 겉표지에 표시되어 있습니다.